Carmen Rohrbach
Muscheln am Weg

PIPER

Zu diesem Buch

Wo kriegt man einen Esel her? Damit fängt es an. Carmen
Rohrbach hat sich vorgenommen, den ersten Teil des Jakobswegs durch Frankreich mit einem tierischen Begleiter
zurückzulegen. Mit ihm wird sie alles teilen: Hitze und Regen,
Erschöpfung und Freude, Einsamkeit und überraschende Begegnungen. Ihr Weg führt sie durch mittelalterliche Städte und
abgelegene Dörfer, über die steilen Hänge des Massif Central,
die Kalkhochflächen der Causses und durch die liebliche Gascogne bis nach St.-Jean-Pied-de-Port in den Pyrenäen. Mit
wachem Sinn für die Schönheiten der Natur und die überall
anzutreffenden Zeugnisse der Kulturgeschichte durchstreift
Rohrbach das Land – immer auch getragen von der Energie
der Abertausenden von Pilgern, die vor ihr diesen Weg gegangen sind und ihre Spuren hinterlassen haben.

 *Carmen Rohrbach*, geboren in Bischofs-
werda, ist Entdeckerin aus Leiden-
schaft. Sie studierte Biologie in Greifs-
wald und Leipzig und schloss mit der
Promotion in München ab. Ihre Reisen
führten sie nach Südamerika, Afrika,
Asien und Arabien, auf dem Jakobsweg
durch Frankreich und Spanien und entlang der Isar durch Bayern und Öster-
reich, stets auf der Suche nach intensiven Begegnungen und
Naturerlebnissen. Heute ist sie die beliebteste Reiseschrift-
stellerin Deutschlands, dreht Dokumentarfilme, schreibt für
Zeitschriften und hält Vorträge über ihre Reisen.

Carmen Rohrbach

Muscheln am Weg

Mit dem Esel auf dem Jakobsweg durch Frankreich

Piper München Zürich

Mehr über unsere Autoren und Bücher:
www.piper.de

Von Carmen Rohrbach liegen bei Piper im Verlagsprogramm Malik vor:
Patagonien
Im Reich von Isis und Osiris
Solange ich atme
Namibia
Am grünen Fluss
Der weite Himmel über den Anden
Botschaften im Sand
Im Reich der Königin von Saba
Wandern auf dem Himmelspfad
Mongolei
Inseln aus Feuer und Meer

Mix
Produktgruppe aus vorbildlich bewirtschafteten
Wäldern und anderen kontrollierten Herkünften
www.fsc.org Zert.-Nr. GFA-COC-001223
© 1996 Forest Stewardship Council

Ungekürzte Taschenbuchausgabe
November 2010
© 2002 Piper Verlag GmbH, München,
erschienen im Verlagsprogramm Malik
Fotos: Carmen Rohrbach
Umschlag: semper smile, München
Umschlagmotiv: Carmen Rohrbach
Karte: Margret Prietzsch, Gröbenzell
Satz: Büro Sieveking GmbH, München
Papier: Munken Print von Arctic Paper Munkedals AB, Schweden
Druck und Bindung: CPI – Clausen & Bosse, Leck
Printed in Germany   ISBN 978-3-492-26403-7

»Morgen werde ich dort unterwegs sein,
werde mich einreihen in die Pilgerscharen,
die seit Jahrhunderten diesen beschwerlichen
Weg über das Massif Central wählten, wenn –
ja, wenn mein Esel Chocolat mir willig folgt.«

Carmen Rohrbach

Inhalt

Liebe auf den ersten Blick

Mir gefiel einfach alles an ihm, nicht nur seine dunklen Augen und sein schwarz gelocktes Fell, auch seine kräftigen Knie und seine starken Hufe. Er hieß Chocolat und war ein Esel. Nur er sollte es sein, der mich auf dem Pilgerweg durch Frankreich begleitet.

Es war alles andere als einfach, überhaupt einen Esel zu finden. Ich hatte zwar gute Kontakte zu Züchtern in Frankreich, aber sie wollten ihre Tiere nur zusammen mit einem Führer vermieten – bis auf Georges Girard. Er habe sogar mehrere Esel zur Auswahl und er lud mich ein, einfach mal bei ihm vorbei zu schauen. Leicht sei es allerdings nicht, sein abgelegenes Berggehöft im Massif Central zu finden, warnte er mich.

In der Felswildnis der Ardèche-Schlucht kamen mir schnell Zweifel, ob ich den Weg nicht verfehlt hätte. Und ich fragte mich auch, ob es überhaupt möglich sei, an den wild verwucherten Abhängen Esel zu halten; dennoch fuhr ich unverdrossen weiter. Dann tauchten schiefergedeckte Steinhäuser und Stallungen auf. Georges' *ferme*? Trotz lauten Rufens ließ sich niemand blicken – das Gehöft schien menschenleer.

Auf einem vom Wetter verblichenen Schild entzifferte ich den Namen Girard. Also doch! Die Haustür war nicht abgeschlossen und ich öffnete sie vorsichtig einen Spalt. Ein unheimliches Geräusch ließ mich zurückschrecken. Im Halbdunkel des Raumes erhob sich ein Ungeheuer von Hund und knurrte bedrohlich. Ich zog es vor, im Schatten vor dem Haus zu warten. Endlich – es war schon später Nachmittag – hörte ich von weit unten im Tal das Motorgeräusch eines Fahrzeugs, das sich den Steilhang hinaufquälte und langsam näher kam.

Das muss Georges Girard sein, dachte ich, als ein hoch gewachsener Mann aus der Fahrerkabine eines Viehtransporters sprang. »*C'est vous*, Carmen? *Ça va? Bienvenue*«, begrüßte er mich freundlich. Er habe überraschend ein krankes Pferd zum Tierarzt bringen müssen, entschuldigte Georges seine Abwesenheit, und ohne weitere Worte zu verlieren, eilte er mir mit langen Schritten voraus zu einer Weide am Berghang. Ein kurzer Pfiff genügte und schon kamen sie angaloppiert – keine niedlichen Eselchen, sondern schwarze, zottelige Tiere, größer als ich selbst. Stolz erklärte mir Georges, es handele sich um *noire du Berry*, eine seltene Rasse, die er hier züchte.

Auf zur nächsten Weide. Diesmal waren es zwar graue Esel, aber sie schienen eher noch größer zu sein. Georges sah mich fragend an.

»So soll mein Esel sein«, sagte ich und hielt meine Hand in Brusthöhe.

»Also, komm weiter!«, forderte er mich auf. Wieder ein Pfiff und das Donnern von Hufen. Dann brachen sie aus dem Unterholz hervor, eine Herde riesiger Maultiere. Georges hatte Eselhengste mit Pferdestuten gepaart und war sehr zufrieden mit seinem Zuchterfolg.

Nicht, dass ich mich vor ihrer Größe gefürchtet hätte, aber es würde für mich schwierig sein, einen dieser Giganten zu beladen, und überhaupt, ich hatte mir meinen Begleiter anders vorgestellt. Was tun? Ich solle mir bis morgen alles in Ruhe überlegen, empfahl mir Georges in seiner bedächtigen Art. In der Nacht konnte ich kaum schlafen, suchte nach einem Ausweg. Einfach aufs Geratewohl in den Dörfern nach Eseln zu fragen war keine gute Idee. Sie sind selten geworden, diese Tiere, denn ihre Arbeitskraft wird heute nicht mehr gebraucht.

Am Morgen traute ich kaum meinen Augen. Auf einer Wiese neben Georges' Anwesen grasten sie – meine Traumesel! Und gleich zwei, ein grauer und ein schwarzer! Wie aus dem Bilderbuch! Mein Herz schlug schnell.

»Das sind Chocolat und Pedro«, sagte Georges und amüsierte sich über meine Begeisterung. »Ich habe sie von der Weide eines Nachbarn geholt. Such dir einen aus.«

»Ich nehme beide!«, rief ich spontan.

»Das wird nicht gehen. Zwei Esel auf einmal kannst du nicht führen.«

»Einen führe ich und den anderen hänge ich hinten an.«

»Na, das versuch mal!«, meinte er trocken.

Mit Eseln hatte ich noch keine Erfahrung, aber ich erinnerte mich an meine Reise im Jemen vor drei Jahren, wo ich keine Probleme hatte, Dromedare aneinanderzubinden. Warum sollte das bei Eseln nicht möglich sein?

»Ah, da kommt Roselyne! Sie kann dir gleich beim Satteln helfen!«, rief Georges.

Schüchtern reichte mir die junge Frau ihre Hand. Aus einem Gesicht voller Sommersprossen mit hohen Wangen strahlten mir grünblaue Augen entgegen.

»Meine Tochter«, stellte Georges sie vor.

Roselyne drückte mir ein Zaumzeug in die Hand. Etwas ungeschickt stülpte ich das Halfter über Chocolats dicken Kopf und befestigte die Führungsleine mit einem Karabinerhaken.

»Bevor du sattelst, darfst du nie vergessen, die Hufe zu säubern«, ermahnte mich Roselyne. »Esel sind da sehr empfindlich. Ihre Hufe entzünden sich, wenn Erde und Steine in der Sohle stecken bleiben.«

Aufmerksam verfolgte ich, wie sie ihre Schulter gegen Pedros Körper stemmte, sein linkes Vorderbein hob, es auf ihr Knie stützte und den Huf mit einem metallenen Kratzer reinigte. Schnell ging das, reihum.

Nun war ich dran, Chocolats Hufe zu putzen. Gegen den Uhrzeigersinn hob ich seine Beine, eines nach dem anderen, legte sie auf meinen Oberschenkel, hielt die Hufe fest in der einen Hand und versuchte mit der anderen, eingetretene Steine aus der Sohle zu entfernen. Ich war nicht so flink wie Roselyne und kam auch recht ins Schwitzen, denn ungeniert lehnte sich der Esel schwer gegen meine Schulter.

»Du darfst den Kopf nie zu tief halten, falls Chocolat ausschlägt«, warnte sie mich. »Esel sind verdammt geschickt. Selbst wenn sie nur auf zwei Beinen balancieren, können sie dich zielgenau treffen.«

Roselyne fand die Idee gut, beide Esel zu satteln, zu beladen und sie zur Probe durch das Gelände zu führen. Zunächst legte sie weiche Polster auf den Rücken von Pedro und Chocolat, darüber den Packsattel, ein leichtes Gestell aus Holz, den sie mit einem flauschigen Wollgurt unter dem Bauch festzurrte. Lederriemen mit ebenso weichen Gurten um Hals und Hinterteil stabilisierten den Sattel, damit er nicht verrutschen konnte. Dann waren auf beiden Seiten die Packsäcke zu befestigen. Das hört sich einfach an, war es aber nicht. Als Georges sah, wie wir uns plagten, kam er uns zu Hilfe. Zu dritt gelang es schließlich, das Gepäck festzumachen. Wie aber sollte ich später, wenn ich allein unterwegs war, die schweren Säcke bis in Schulterhöhe stemmen und gleichzeitig die Schnüre verknoten? Es schien unmöglich.

Im Jemen hatte ich gelernt, wie man Kamele richtig belädt. Die Beduinen beherrschten diese Kunst perfekt und waren geduldige Lehrmeister. Als ich dann mit meinem Dromedar Al Wasim vier Monate lang allein durch die Wüste zog, war das tägliche Beladen trotz der absolvierten Lehre eine anstrengende Arbeit. Dabei lag

Al Wasim bei der Prozedur am Boden und sein Rücken befand sich in Höhe meiner Hüften, mit denen ich das Gepäck an seinen Körper drückte. Auf diese Weise waren meine Hände frei und ich konnte problemlos alles verschnüren und verknoten. Ein Esel aber würde kaum niederknien, um sich das Gepäck aufladen zu lassen. Aber irgendeine Lösung würde sich schon finden.

Chocolat konnte es nicht erwarten, bis wir endlich fertig waren. Ruhelos tänzelte er umher. Das ist der richtige Esel für mich, dachte ich. Einer, der nicht störrisch stehen bleibt, sondern ungeduldig wartet, dass es losgeht.

Als Erster stürmte er dann den steilen Pfad bergauf. Ihm machte das Bergsteigen sichtlich Spaß, ich aber musste aufpassen, damit er sich nicht dickköpfig durch jede Engstelle hindurchzwängte. Ob das Gepäck dabei aufgespießt, zerrissen und zerfetzt würde, kümmerte ihn nicht. War der Weg gut passierbar, hielt ich das Ende der Führungsleine locker in der Hand und ging zwei Meter vor ihm her. Sobald Felsbrocken und Bäume im Weg waren, griff ich ins Halfter und drückte ihn kräftig in die von mir gewünschte Richtung.

Schon bei dieser ersten Probewanderung wurde ich belehrt: Einen Esel zu führen ist kein bequemer Spaziergang, bei dem man vor sich hin träumen kann. Nach drei Stunden war ich so erschöpft, als hätte ich den ganzen Tag schwer gearbeitet. Freiwillig verzichtete ich auf den Versuch, die beiden Tiere aneinander zu binden.

Auf Jacobus' Spuren

Im Mittelalter waren alle Gebiete des heutigen Europas von einem weitmaschigen Wegenetz überzogen mit dem einen Ziel: Santiago de Compostela im Norden Spaniens. Nicht nur in Deutschland werden diese alten Wege wiederentdeckt, auch in Österreich und in der Schweiz, in Holland, Belgien, Portugal, Polen, Italien und Skandinavien. In Frankreich gibt es gleich vier Pilgerwege. Der bekannteste beginnt in Le Puy, dem ehemaligen *podium*, wie der Ort auf Lateinisch ursprünglich hieß. Davon abgeleitet wird der Weg deshalb auch *via podiensis* genannt.

In Le Puy, dem berühmten Zentrum der Marienverehrung, beteten die Pilger zur schwarzen Madonna und wanderten dann auf beschwerlichem Weg in Gruppen oder einzeln weiter durch das Massif Central auf steile Höhen und in tiefe Täler. Auch ich entschied mich für diese Route, vor allem wegen ihrer landschaftlichen Schönheit und der zahlreichen romanischen Bauwerke. Ich wollte mich auf die Spuren der mittelalterlichen Pilger begeben, mich in die Vergangenheit zurückdenken und die Zeugnisse einer jahrhundertelangen Geschichte bewundern, mit wachen Sinnen die Natur erleben und mit den heutigen Pilgern ins Gespräch kommen.

Über 700 Kilometer führt die *via podiensis* von Le Puy in Richtung Westen. Sie berührt Orte wie Conques, Cahors und Moissac, die durch ihre Kirchen, Klöster und Kathedralen weltberühmt sind. Mein Ziel sollte Saint-Jean-Pied-de-Port am Fuß der Pyrenäen sein, wo die französisch-spanische Grenze verläuft. Dort war ich vor Jahren zu meiner ersten Pilgerreise aufgebrochen, und seither fühle ich mich dem Jakobsweg und den Menschen, die auf ihm pilgern, tief verbunden. Der Gedanke, den Pilgerstab noch einmal in die Hand zu nehmen, ließ mich nicht ruhen, aber diesmal will ich durch Frankreich pilgern – mit einem Esel.

Wer aber war der heilige Jakob? Was zeichnete ihn aus, dass so viele Menschen seinetwegen Mühsal und Gefahren auf sich nahmen? Welche geheimnisvolle Kraft bewirkte, dass Millionen Menschen ihr Heim verließen, um nach Santiago de Compostela zu pilgern? Fest steht jedenfalls: Ohne sein Grab in Nordspanien gäbe es heute keinen Pilgerweg.

Jakob, Jacobus, Jacques, Sankt Jakob, Santiago, oder wie er in den verschiedenen Ländern noch genannt wird, war Fischer, bis Jesus ihn rief und er seinem Herrn folgte. Als erster Apostel erlitt Jakob das Martyrium. Auf Befehl des römischen Statthalters Herodes Agrippa I. wurde er im Jahr 44 in Jerusalem enthauptet. Was danach geschah, ist nur in Form von Legenden überliefert. Eine dieser Legenden handelt von seinem Grab:

Theodorus und Athanasius, die beiden Jünger Jakobs, schlichen sich in der Nacht heimlich zum Hinrichtungsort. Sie stahlen den Leichnam ihres Meisters, trugen ihn zu einem Boot und segelten unbemerkt davon. Sie wollten den Apostel in das Land bringen, wo er einst missioniert hatte – nach Spanien. Allerdings war Jakob damals der Erfolg versagt geblieben. Es gelang ihm nicht, auch nur einen einzigen Heiden zum christlichen Glauben zu bekehren. Nur ein Hund hatte seinen wortgewaltigen Predigten gelauscht und war ihm von Ort zu Ort gefolgt.

Es müssen schon Engel gewesen sein, die Theodorus und Athanasius auf ihrer gefährlichen Seereise von Jerusalem durchs Mittelmeer und die Meerenge von Gibraltar bis in den Atlantik geleitet haben. Selbst Stürme und widrige Strömungen konnten ihnen nichts anhaben. Unbeschadet erreichten sie ihr Ziel und landeten an der Küste des heutigen Galicien.

Die Jünger, die ihren verehrten Meister stilvoll begraben wollten, baten Königin Lupa, die Wölfin, um Zugtiere für einen Leichenwagen. Da die heidnische Königin den Christen feindlich gesinnt war, fasste sie einen heimtückischen Plan. Sie befahl, die bösartigsten Stiere, von denen sie wusste, dass sie sich noch nie hatten einspannen lassen, freizulassen. Aber wie staunte Königin Lupa, als der Leichenwagen friedlich an ihr vorüberzog und ihre wilden Monster lammfromm im Geschirr einhergingen! Die Heidin glaubte an ein Wunder, ließ sich taufen und wurde zur Gott ergebenen Christin. Die Jünger begruben ihren Herrn und bewachten sein Grab, bis sie selbst starben und neben ihm beigesetzt wurden.

Jahrhunderte vergingen, die Gräber waren längst in Vergessenheit geraten, da erinnerte man sich wieder an Jakob. Man erhoffte sich von ihm Hilfe im Kampf gegen die übermächtigen Araber. Aber wie mit ihm in Kontakt treten?

Der Schäfer Pelagio, in einer anderen Fassung der Legende auch als Eremit bezeichnet, vernahm in einer sternenklaren Nacht Engelsgesang und der Himmel begann seltsam zu glühen. Wie ein Finger wies ein Lichtstrahl auf einen Eichenhain. Nacht um Nacht wiederholte sich das himmlische Leuchten. Bischof Theodomir, der von der nächtlichen Erscheinung erfuhr, erkannte sogleich die Bedeutung dieser Botschaft. Mit seinem Gefolge begab er sich zu dem Eichenhain, wo sie im tiefen Gebüsch ein Marmorgrab mit römischer Inschrift fanden. Für den Bischof stand fest, dass es sich hier um das Grab Jakobs handeln musste. Über der Grabstätte wurde eine Kapelle errichtet und später eine Kirche, die sich im Laufe der Jahrhunderte zu einer großartigen Kathedrale entwickelte. Die Stadt, die um den heiligen Ort entstand, wurde dem Apostel Jakob geweiht und hieß fortan Santiago.

Nicht alle Vertreter der Kirche waren von der Authentizität der Jakobs-Reliquie überzeugt. Es ging aber nicht um Wahrheit, sondern um Glauben. Die Kraft des Glaubens kann Berge versetzen, sagt man noch heute, und das christliche Abendland hatte diese Kraft nötiger denn je. Zu jener Zeit, im 9. Jahrhundert, war Spanien von den Arabern besetzt. Im Sturm hatten diese innerhalb eines Jahres das riesige Gebiet von Gibraltar bis zu den Pyrenäen erobert. Nichts schien die Eindringlinge stoppen zu können, die im Namen Allahs und seines Propheten Mohammed in die Schlacht zogen. Schon setzte eine Vorhut über die Pyrenäen mit der Absicht, das Frankenreich zu unterwerfen.

Nur in den einsamen Bergregionen Nordspaniens, in Asturien, sammelten sich Rebellen unter Führung des Ritters Pelayo zum Widerstand gegen den vielfach überlegenen Feind. Ohne den festen Glauben an Gottes Hilfe wäre ihre Sache verloren gewesen. Die Entdeckung des Grab Jakobs war für sie das ersehnte Zeichen. Von nun an zogen die Christen mit dem Ruf: »Santiago! Heiliger Jakob, hilf!« in den Kampf und tatsächlich erschien ihnen der Apostel hoch zu Ross mit Fahne und Schwert in der Hand. Angefeuert von dieser Vision, gelang es den christlichen Kriegern Zug um Zug, die Anhänger Allahs zu besiegen. Das Eingreifen des Heiligen in das Kampfgetümmel verwandelte ihn zum *matamoros*, zum Maurentöter. *Moros* oder Mauren, so nennt man noch heute die Araber in Spanien.

Die Kunde vom Apostel Jakob als Streiter für die christliche Sache verbreitete sich über ganz Europa und erweckte den Wunsch, den Heiligen an seiner Grabstätte zu besuchen, denn die Menschen des Mittelalters dürstete es nach mystischer und religiöser Hingabe. Legenden waren für sie wie wahrhaftige Geschehnisse und jeder Zweifel war ausgeschlossen. Geradezu süchtig nach Reliquien, waren sie überzeugt davon, dass den Gebeinen des Heiligen übernatürliche

Kräfte innewohnten. Als schließlich Papst Alexander III. allen Jakobspilgern Ablass und Vergebung der Sünden gewährte, zogen die Christen in Scharen zum Grab. Die Wallfahrt nach Santiago wurde zu einem gesellschaftlichen Ereignis gewaltigen Ausmaßes, denn auch Bischöfe, Fürsten und selbst Könige machten sich mit großem Geleit auf die Pilgerreise und verhalfen Wirtsleuten, Händlern und Handwerkern zu Einkommen und Wohlstand. So erfanden sich die Menschen ein Pilgerziel und einen Pilgerweg mit unermesslichen Folgen für Kunst und Kultur, Handel und Gewerbe, Wirtschaft und Politik, Wissenschaft und Religion.

Die Geschichte Europas wäre anders verlaufen, hätte es den Jakobsweg nicht gegeben. Die Pilgerfahrt nach Santiago de Compostela war das erste Ereignis, das die Länder eines zukünftigen Europas miteinander verband: mit gemeinsamer Religion gegen einen gemeinsamen Feind für ein gemeinsames Ziel.

Schreie in der Nacht

Es bleibt bei meinem Entschluss: Chocolat, von mir liebevoll Choco genannt, wird mich auf meiner Pilgerreise durch Frankreich auf dem 700 Kilometer langen Weg bis zu den Pyrenäen begleiten – wenn er denn will. Zunächst aber muss er zum Ausgangspunkt meiner Pilgerwanderung nach Le Puy geschafft werden. Für Georges mit seinem Viehtransporter kein Problem.

Eine Eselzüchterin hatte mir erzählt, dass es immer wieder vorsichtige Tiere gebe, die sich weigern, über die Rampe in den Wagen zu steigen. Selbst mit Leckerbissen könne man sie nicht überlisten, und auch ausgeklügelte Tricks würden oft nicht weiterhelfen. Sie selbst hatte Wochen vor einem geplanten Transport damit begonnen, die Futterschüssel Tag für Tag etwas höher die Rampe hinaufzuschieben, bis der Napf schließlich im Inneren des Fahrzeugs stand und der Esel anstandslos hochstieg und dort sein Futter fraß. Als jedoch der Tag der Abfahrt kam, war das alte Misstrauen wieder da und der Esel rührte sich nicht von der Stelle.

Georges beruhigt mich: Mit Chocolat habe es noch nie Probleme gegeben. Ich führe also meinen Esel zur Rampe und steige vor ihm hinauf. Er folgt mir prompt. Alles scheint gut zu gehen – bis ich zurückblicke. Ein Fehler! Chocolat bleibt sofort stehen. Meinen Blick deutet er als Warnsignal, dass etwas nicht in Ordnung ist. Georges kommt mir zu Hilfe. Ein Klaps auf das Hinterteil und ein forscher Zuruf überzeugen Choco.

Packsäcke, Decken, Unterlagen und Sattel hängt Georges mit Schnüren an den Seitenwänden auf. »Ist eine prima Polsterung«, erklärt er. »Esel werden nicht wie Pferde festgebunden. So kann Chocolat während der Fahrt die für ihn angenehmste Stellung finden und die Kurven ausbalancieren.«

Meine Bedenken wegen der schwierigen Strecke mit zahlreichen Serpentinen und steilen Pässen erweisen sich als unbegründet, denn Georges fährt sehr einfühlsam, damit Chocolat ja nichts geschieht.

Am Nachmittag erreichen wir Saint-Christophe in der Nähe von Le Puy und werden von Christian Fabre, einem Freund von Georges, schon erwartet. Er fährt mit seinem Caravan voraus und geleitet uns auf Feldwegen zu einer Weide. Georges öffnet die Rückwand seines Transporters und Choco blickt uns neugierig entgegen. Ohne Zögern stakst er die Rampe herunter und folgt mir bereitwillig auf die ihm unbekannte Wiese. Aus einem Schober holt Christian einen Ballen Heu und füllt eine Tonne mit frischem Wasser.

Georges hält sich nicht lange auf. Er wünscht mir gutes Gelingen für meine Pilgerreise, schwingt sich in sein Fahrzeug und rumpelt auf dem steinigen Feldweg davon. Bevor auch Christian abfährt, bietet er mir an, mich am nächsten Tag in die Stadt mitzunehmen, wo ich vor allem die Kathedrale besichtigen möchte.

Eine wohltuende Stille breitet sich aus. Seit Tagen habe ich diesen Moment herbeigesehnt – endlich bin ich mit meinem Esel allein in freier Natur. Ich freue mich, am Ausgangspunkt meiner Reise zu sein, bin auch erleichtert, dass sich bisher alles nach meinen Wünschen gefügt hat. Trotzdem befällt mich ein zwiespältiges Gefühl: Werde ich die vor mir liegenden Schwierigkeiten bewältigen können? Welche Abenteuer erwarten mich? Wird Choco mir gehorchen?

Die Wiese ist über und über mit purpurfarbenen Orchideen bewachsen. Ich will die prachtvollen Blumen schonen und bemühe mich sehr, eine freie Stelle für mein Zelt zu finden. Die Leinen müssen verspannt, die Matte aufgeblasen, das Lager gerichtet und alle

Utensilien übersichtlich verstaut werden. Die Sonne versinkt am Horizont, als ich den Kocher anwerfe, Tee koche und mir aus Zwiebeln, Kartoffeln, Mohrrüben und Zucchini einen Eintopf bereite.

Mein Esel weidet neben mir. Er sucht meine Nähe und ich brauche nur die Hand auszustrecken, um ihn zu streicheln. Das ist der Beginn einer Freundschaft, fühle ich. Sorgen macht mir nur, dass er sich an dem saftigen Gras überfressen könnte. Esel sind Wüstentiere und ihr Organismus ist an trockenes Futter angepasst. Ich beruhige mich erst, als ich sehe, dass er zum Ausgleich am Heu knabbert. Endlich, nachdem er stundenlang gefressen hat, scheint Choco satt zu sein, aber er findet keine Ruhe, läuft ständig hin und her. Bald hat er einen Pfad eingetreten. An der Einzäunung bleibt er jedesmal stehen, wirft herausfordernd den Kopf hoch und schreit seinen durchdringenden Eselsruf. Dabei bebt sein ganzer Körper und sein Bauch arbeitet wie ein Blasebalg.

Er tut mir Leid. Bestimmt hat er Sehnsucht nach seinem Gefährten Pedro. Ich gehe zu ihm, streichle sein Fell und versuche ihn mit zärtlichen Worten zu trösten. Choco genießt meine Berührung, steht still und entspannt sich. Aber bald schon läuft er wieder umher und schreit jammervoll. An Schlaf ist nicht zu denken. Mehr und mehr wandelt sich seine Klage in eine gellende, wütende Forderung. Was soll ich nur tun? Immer wieder stehe ich auf und gehe in der Dunkelheit zu ihm. Dann beruhigt er sich und drückt seinen Körper eng an mich. Doch kaum liege ich im Schlafsack, nimmt er seine Wanderung wieder auf und schreit in die Nacht hinaus.

Erst in der Morgendämmerung legt er sich neben mein Zelt ins Gras und schläft ein. Später wird sich herausstellen, was Choco die ganze Nacht so umgetrieben hat. Nicht Heimweh plagte ihn, wie ich irrtümlich glaubte, sondern der Geruch der Pferde von der Nachbarkoppel. Da wusste ich noch nicht, dass mich das Thema Pferde noch öfter beschäftigen würde.

Die schwarze Madonna in Le Puy

Frühmorgens holt mich Christian Fabre zur Fahrt nach Le Puy ab. Ich bin sehr gespannt auf diesen außergewöhnlichen Ort, über den ich schon viel gelesen habe. Eine Kehre und noch eine Kehre, dann liegt die Stadt vor mir, weit größer, als ich sie mir vorgestellt habe. Eingerahmt von bizarren Vulkankegeln, füllt sie den ganzen Talkessel aus. Diese Reste aus früher Erdgeschichte verleihen Le Puy ein mystisches Aussehen und vermischen sich in meiner Vorstellung mit der langen Tradition des Pilgerwegs. Hier sammelten sich die Menschen, beteten und schöpften Atem, bevor sie wieder aufbrachen zur kräftezehrenden Überquerung des Massif Central.

Durch Fotografien bin ich auf sie vorbereitet – aber beim Anblick der beiden überdimensionalen Statuen, die auf Felsen über der Stadt thronen, stockt mir doch der Atem: der heilige Joseph in Himmelblau und die Jungfrau Maria in Himbeerrosa. Ein Stilbruch, der zum Lachen reizt und zugleich anrührt durch das kindliche Bemühen um Andacht und Verehrung. Die 20 Meter hohe Figur der heiligen Jungfrau steht schon seit 1860 auf dem Rocher Corneille. Gegossen wurde die Gottesmutter Maria aus dem Stahl von Kanonen, erbeutet auf der Krim, als Franzosen auf Seiten der Türken gegen die Russen kämpften.

Auch die Kirchen von Le Puy überragen weit die Dächer der Stadt, weil sie ebenso auf Vulkanfelsen erbaut wurden: die berühmte Kathedrale Notre-Dame auf dem Rocher d'Anis und die Michaelskirche auf einem besonders hohen Felsen, dem Rocher d'Aiguilhe, der Nadelspitze.

Während wir uns dem Stadtzentrum nähern, erzählt mir Christian eine Legende, die den Rocher d'Aiguilhe zum dramatischen Schauplatz hatte: Ein Mädchen war eines Tages in den Ruf gekommen, seine Unschuld verloren zu haben. Trotz ihres heftigen Widerspruchs glaubte man ihr nicht und ihre Eltern verstießen sie. Die Ächtung konnte sie nicht länger ertragen. In ihrer Verzweiflung rief sie Gott, die Jungfrau Maria und den heiligen Michael zu Hilfe, kletterte auf den 80 Meter hohen Felsen und stürzte sich in die Tiefe. Während sie fiel, fing Michael sie auf und trug sie sanft ins Tal. Die Nachricht von diesem ungewöhnlichen Geschehen lockte eine große Menschenmenge herbei. Viele konnten kaum glauben, was die Augenzeugen berichteten und hätten das Wunder gern selbst gesehen. Das junge Mädchen wollte ihnen diesen Wunsch erfüllen, denn sie war glücklich, wieder anerkannt zu sein, und genoss es, im Mittelpunkt der Aufmerksamkeit zu stehen. Bereitwillig stieg sie erneut auf den Felsen und sprang ein zweites Mal. Diesmal verweigerte der Erzengel seinen Beistand und sie stürzte in den Tod.

Bei meinem Gang durch die verwinkelten Gassen der Altstadt folge ich erstmals dem Zeichen der Muschel. Dieser Wegweiser für Pilger führt mich zur Rue des Tables und zu einer steilen Treppe. Ich zähle 138 Stufen, bis ich vor der mächtigen Westfassade der Kathedrale Notre-Dame stehe. Was mögen die Pilger des Mittelalters empfunden haben, als sie sich, erfüllt von ihrem Glauben, mit Ehrfurcht dem Gotteshaus näherten?

Mich beeindrucken als Erstes die riesigen Torflügel aus Zedernholz. Über und über mit Schnitzwerk verziert, zeigen sie Szenen der Geburt und Passion Christi. Im Laufe der Jahrhunderte ist das Holz gesprungen und die Schnitzereien sind verwittert – aber ich finde sie doch, Worte in arabischer Schrift, die kein Christ an dieser Stelle vermuten würde: *Al mulk Allah* – Alles für Allah. Ein Bekenntnis zum Islam? Keineswegs. Den Gestaltern kam es sicherlich nur auf die ornamentale Wirkung an. Wer wusste damals schon, was die fremden Worte bedeuteten?

Auch die Baumeister haben sich nicht gescheut, arabische Elemente in ihre Werke zu integrieren. Besonders die Fassade fasziniert mich mit der schmückenden Anordnung von rotem, weißem und schwarzem Gestein und der rhythmischen Gliederung durch Rundbögen und Blendarkaden, die dem mächtigen Bauwerk seine Leichtigkeit verleihen.

Aber es waren nicht nur Arabesken, die es den Baumeistern angetan hatten, sie bedienten sich auch orientalischer Bauideen. Sechs byzantinische Achteckkuppeln bilden ein Gewölbe, das die riesige Kathedrale überdacht. Die Kunst der Baumeister ist bewundernswert, trotzdem scheint mir, ist es ihnen nicht gelungen, die orientalische Beschwingtheit mit abendländischer Bedeutungsschwere in Harmonie zu vereinen. Vielleicht liegt es am fehlenden Licht und der Unausgewogenheit der Proportionen, die dem Raum seine Erhabenheit verweigern.

Meine Vorliebe gehört den Kreuzgängen. Diese Orte der Stille mit ihren vier Wandelgängen, den Säulen und Kapitellen, den überdachten Galerien im Geviert, gilt mein Interesse, vor allem, wenn sie romanisch sind. Leider ist der Eingang verschlossen und erst am Nachmittag gibt es wieder Führungen. So lange kann ich nicht warten, deshalb schaue ich mich nach einem Nebeneingang um. Versteckt in einer Kapelle entdecke ich schließlich eine Tür, die zum Kreuzgang hinausführt. Vorsichtig schiebe ich den Riegel zurück, drücke leise die Klinke nieder, öffne die Tür und – löse ein Alarmsignal aus. Ohrenbetäubend heult es durch das ganze Gotteshaus. Zutiefst erschrocken husche ich dennoch durch die Tür und schließe sie hinter mir. Wohltuende Stille!

Nun befinde ich mich zwar am Ort meiner Wünsche, aber ich befürchte, gleich von einem wütenden Wächter vertrieben zu werden. Unauffällig hocke ich mich auf eine steinerne Bank neben der Tür und versuche, in kurzer Zeit so viel wie möglich von dem Gesamteindruck wahrzunehmen und mir alles einzuprägen. Unübersehbar auch hier der arabische Einfluss. Besonders die rot-weiße Streifung der Arkadenbögen erinnert mich an die Alhambra in Granada und die Moschee in Cordoba.

Noch lässt sich kein Aufpasser sehen. Ich werde mutiger und wandle die Gänge entlang. Die Säulen an den Ecken des Gevierts sind auffallend schräg gestellt, um so den Druck der Gewölbe besser abzufangen. Die ältesten Kapitelle befinden sich im südlichen Teil. Sie stammen noch aus der karolingischen Epoche und zeigen tief eingemeißelte Akanthus-Blätter, ein Motiv, das schon griechische Säulen geschmückt hatte. Ohne die lautstarken Erklärungen eines Führers erlebe ich die Spiritualität der Wandelgänge, das Spiel des Lichts auf den polychromen Steinen und die Ruhe, die zur Meditation anregt.

Noch einmal schrillt die Alarmglocke, als ich den Kreuzgang verlasse und wieder die Kathedrale betrete. Kein Wächter bestraft meine Dreistigkeit und so kann ich auch noch die Schwarze Madonna besichtigen. Von Scheinwerfern angestrahlt, steht die kostbare Figur unter einem Baldachin am Altar. Die berühmte *vierge noire* soll König Ludwig VII., der Heilige, von seinem in Ägypten gescheiterten Kreuzzug mitgebracht haben. Der Jungfrau zu Ehren wurde diese Kathedrale gebaut und in ihrem Namen geweiht.

Die Gnadenmadonna hat tatsächlich ein tiefschwarzes Gesicht. Auf dem Kopf trägt sie eine Krone, und ein golddurchwirktes Silberkleid verhüllt die kleine Holzfigur vom Hals bis zu den Füßen. Durch einen Spalt des glitzernden Gewandes lugt der Kopf eines schwarzen Kindes hervor.

Sie ist es und sie ist es doch nicht. Denn eigentlich wurde sie verbrannt, öffentlich, auf einem Scheiterhaufen. Es war im Jahr 1794, zur Zeit der Französischen Revolution. Die Jakobiner wollten das Volk zu mündigen Bürgern erziehen, es geistige Freiheit lehren und den Aberglauben austreiben. Deshalb vernichtete man die schwarze Madonna als Zeichen dafür, dass der Verstand über den Glauben triumphiere. Die heutige Marienstatue ist eine wertvolle Kopie, die in einer abgelegenen Kapelle vor den Wirren der Revolution verschont geblieben ist.

In einer Apsis der Kathedrale liegt ein schwarzer Stein, flach und von der Größe einer Grabplatte. Mir scheint er ein Fremdkörper aus einer anderen Zeit zu sein. In der Tat gehörte er ursprünglich zu einem Druidenheiligtum, das sich hier auf dem Rocher d'Anis befand, wo heute die Kathedrale steht. In Erinnerung an die machtvollen Götter der Kelten schrieb man dem Stein Wunderkräfte zu, auch noch in christlicher Zeit. Immer wieder wurden Kranke geheilt, die man auf den *pierre de fièvre* legte, den Fieberstein, wie er im Volksmund heißt. Um die Macht der alten Götter zu brechen, wendeten Christen oft die bewährte Strategie der Integration an und nahmen heidnische Sinnbilder einfach in ihren Glauben auf. So kam der Druidenstein in die Kirche der Christen.

Wie die Gottesmutter Maria soll auch die keltische Göttin, der die Kultstätte auf dem Rocher d'Anis geweiht war, jungfräulich ein Kind zur Welt gebracht haben. Das erklärt die große Verehrung, die Maria gerade in Le Puy entgegengebracht wird, weil sie auf tiefe Wurzeln zurückgeht und nahtlos anknüpft an eine Muttergottheit, der seit uralten Zeiten hier gehuldigt wurde.

Nun aber zieht es mich zum Rocher d'Aiguilhe, diesem nadelspitzen Felsen, auf dem die Kirche des Erzengels Michael wie ein Finger in den Himmel ragt und von dem das seiner Ehre beraubte Mädchen einst in den Tod sprang.

Der Felsen ist der Kamin eines ehemaligen Vulkans. Das Magma stieg im Schlot empor und erstarrte mitten in der Bewegung. Das weichere Gestein verwitterte im Laufe der Zeit; nur die harte Basaltlava, die den Schlot gefüllt hatte, blieb im Kern erhalten und ragt noch heute schlank und spitz in die Höhe.

Eine Urkunde beglaubigt, dass im Jahr 962 der Dekan der Kirche in Le Puy den Auftrag gab, auf dem Felsen eine Michaelskirche zu bauen – bei der Steilheit des Felsens ein gewagtes Unternehmen. 268 Stufen mussten in das harte Gestein geschlagen werden, bevor Steine, Mörtel und Balken mit unvorstellbarer Mühe hinaufgeschleppt werden konnten.

Jeder, der die Kirche besichtigen will, muss diese Stufen erklimmen, gesichert nur durch eine hüfthohe Mauer, dahinter fällt die Wand senkrecht in die Tiefe. Beim Aufstieg blicke ich immer wieder nach oben, aber erst nach der letzten Biegung öffnet sich der Blick und ich stehe plötzlich vor dem Portal der Kirche. Wie schon bei der Kathedrale und dem Kreuzgang überrascht mich die Farbigkeit. Rote, schwarze und gelbe Steine, zu Ornamenten geordnet, erinnern auch hier an arabische Vorbilder.

Über dem Eingang sind zwei Sirenen eingemeißelt, mythologische Wesen, halb Mensch, halb Tier. Darüber halbmondförmige Ausbuchtungen in Kleeblattform, gefüllt mit figürlichen Darstellungen und verwoben mit fein ins Gestein ziselierten Ranken und Blättern. In diesem Pflanzengewirr entdecke ich zwei Gesichter im Profil. Dem einen wächst aus dem geöffneten Mund eine Blattranke, die sich im Halbbogen windet und dann im Ohr seines Gegenübers versinkt. Mir kommt es vor, als ströme pflanzliche Energie von einem Menschen zum anderen. Was wir heute nicht mehr zuverlässig deuten können, hatte im Mittelalter eine ganz bestimmte Bedeutung, die den Menschen half, ihre Position zwischen Tod und Leben, Himmel und Hölle zu begreifen.

Das Portal vereinigt christliche Symbole mit konträren Sinnbildern der antiken Mythologie. Durch die christlichen Abbilder – das Lamm Gottes, die Heiligen und der segnende Christus – kann der Gläubige Trost und Erlösung finden. Im Gegensatz dazu Höllenhunde, Raubvögel und über der Tür, dem Eintretenden am nächsten, die Sirenen. Sie bringen mit ihrem verführerischen Gesang Verderben über den, der ihnen Gehör schenkt. Eine eindringliche Warnung, den Verlockungen der Sünde nicht nachzugeben. Oder sollen sie jeden Menschen daran erinnern, dass der Leib dem Tod verfallen ist – wie alles Irdische?

Mir bereitet es Vergnügen, mich an der Entschlüsselung solcher Rätsel zu versuchen, aber es ist mir nicht wirklich wichtig, zu einer endgültigen Lösung zu gelangen. Lieber lasse ich die Rätselbilder auf mich wirken, spüre ihre untergründige Kraft und staune, wie sie die Jahrhunderte bis in unsere Gegenwart überdauert haben.

Im Inneren der Kirche bin ich sofort gefangen von der höhlenartigen Wirkung des Raumes mit seinem dunklen Gemäuer, den kräftigen Säulen und dem imposanten Kreuzgratgewölbe. Das Dämmerdunkel wirkt feierlich und voller Geheimnisse. Andächtig schreite ich über den alten Steinboden, bin fasziniert von den figurenreichen Kapitellen und den verblassten Malereien im Gewölbe und an den Wänden. Geweiht ist die Kirche dem Erzengel Michael, der seit Urzeiten den Kampf gegen das Böse führt und Satan in Gestalt eines Drachen bezwingt. Michael ist aber auch Führer der Seelen, die er ins Himmelsreich geleitet. Deshalb befinden sich Gotteshäuser, die seinen Namen tragen, mit Vorliebe auf Bergspitzen, dem Himmel nahe.

Ich gehe wieder hinaus ins Licht, sehe weit unter mir die Dächer der Stadt, die herausragende Kathedrale, lächle über die rosa Madonna und den blauen Joseph auf den beiden Felsen gegenüber, blicke über das von Vulkanen geformte Land mit seinen verwitterten Basaltkegeln und wende meinen Blick schließlich nach Westen, wo irgendwo die *via podiensis* verläuft. Morgen werde ich dort unterwegs sein, werde mich einreihen in die Pilgerscharen, die seit Jahrhunderten diesen beschwerlichen Weg über das Massif Central wählten, wenn – ja, wenn mein Esel Chocolat mir willig folgt.

Jeder Weg beginnt mit dem ersten Schritt

Von Saint-Christophe zum Lac de l' Œuf, 14 km

In der Nacht hat es geregnet und als ich aufstehe, nieselt es noch immer. Choco hat sich unter dem Überzelt einen trockenen Platz gesucht und dort geschlafen, denn Esel meiden die Nässe, wenn es ihnen irgendwie möglich ist. Den Wüstentieren fehlt das wasserabstoßende Fett im Fell und sie werden feucht bis auf die Haut. Weil ich das wusste, bin ich gerüstet mit einem fünf mal sechs Meter großen Überzelt, außerdem einer extra gefertigten Plane, die meinen Esel samt Gepäck vor Regen schützen soll. Diesmal habe ich nicht, wie sonst bei meinen Rucksackreisen, jedes Utensil mit der Federwaage gewogen und oft für zu schwer befunden, sondern mir etwas mehr Komfort gegönnt: ein geräumiges Kuppelzelt, eine Iso-Matte zum Aufblasen, einen Kocher mit Pfanne und mehreren Töpfen, nicht zuletzt die Fotoausrüstung mit zwei Kameras, diversen Objektiven, Stativ und Blitzgerät. Auf zwei Säcke verteilt, kamen immerhin 30 Kilo zusammen. Für Chocolat ist das nicht zu schwer, denn mit 50 Kilo, also einem Fünftel seines Körpergewichts, könnte ich ihn beladen, meinte Georges.

Bleibt noch die Frage, wie ich es schaffe, das Gepäck hochzustemmen und gleichzeitig festzubinden. Für jedes Problem muss es eine Lösung geben, denke ich, und lege um die Packsäcke zwei breite Bänder, an die ich zwei Schlaufen knote. Beim Hochheben muss ich die Schlaufen nur über das Kreuz des Sattels hängen. Bis ich endlich alles verpackt habe, hat der Regen aufgehört und Chocolat und ich beginnen unseren ersten Wandertag bei strahlender Sonne.

Die Pilger, die von Le Puy starten, haben einen steilen Aufstieg vom Talbecken auf die Hochfläche des Velay zu bewältigen – wir dagegen befinden uns schon in 1000 Meter Höhe. Auf ebenen Feldwegen und ruhigen Sträßchen erreichen wir nach ungefähr einer Stunde den markierten Jakobsweg. Das Wissen, auf einem uralten Pfad zu sein, den vor mir schon tausende Menschen gegangen sind, gibt jedem meiner Schritte eine besondere Bedeutung.

Der Pfad, gesäumt von kniehohen Mauern, schlängelt sich durch saftige Wiesen, auf denen Himmelsschlüssel und Vergissmeinnicht wachsen. Lerchen steigen in den Frühlingshimmel und ein Kuckuck ruft von fern. Goldammern picken am Wegrand und ein Grünspecht lässt sein spöttisches Lachen erschallen. Bewegungslos hockt ein Rotrückenwürger im Weißdorngebüsch und hält scharfäugig Ausschau nach Beute. Steinschmätzer flattern uns voraus, landen auf den Steinmauern und wippen mit langen Schwänzen, schwarz-weiß aufblitzende Signale.

Es ist Mai. Die Luft ist frühlingsfrisch, die Farben leuchten. Mich beflügelt ein Gefühl, als könnte ich gleich vor Freude schweben. An der Führungsleine neben mir trottet Choco dahin. Bei mehreren Probewanderungen rund um Georges' *ferme* ist er mir immer problemlos gefolgt, aber dort war er in vertrauter Umgebung und der Rundweg führte jedesmal zur heimatlichen Weide zurück und zu Pedro, seinem Gefährten. Wie wird er reagieren, wenn er spürt, dass wir diesmal nicht umkehren, sondern immer weiter nach Westen gehen? Wird er plötzlich stehen bleiben, bockig und störrisch sein, wie man es Eseln nachsagt?

Sein Kopf ist in Höhe meiner Schulter und wenn ich seitlich neben ihm gehe, schaue ich ab und zu fragend in seine dunklen Augen: »Wie geht es dir, mein Freund? Bist du zufrieden? Genießt du das Unterwegssein auch so wie ich? Drückt dich das Gepäck irgendwo?« An der Bewegung seiner Pupillen erkenne ich, dass er mich ebenfalls anblickt, aber den Ausdruck seiner Augen weiß ich noch nicht zu deuten.

Im Dorf Ramourouscle sprudelt köstliches Quellwasser aus dem Brunnen. Ich lasse das kühle Nass über Hände und Arme rinnen, benetze mein erhitztes Gesicht und fülle die Wasserflaschen. Meinen Esel habe ich sorgfältig mit der Führungsleine an einen Pfosten gebunden.

Zu saufen bekommt Choco jetzt noch nichts. Roselyne hatte mir eingeschärft, ihn immer erst am Abend zu tränken. Niemals am Morgen vor dem Abmarsch und auch nicht unterwegs, das würde nur schaden, ihn müde und schlaff machen. Esel trinken erstaunlich wenig, denn ihr Organismus ist an Wassermangel angepasst. In ihrer Heimat, den Steinwüsten Afrikas, liegen Wasserstellen oft weit auseinander und notfalls können Esel, ähnlich wie Kamele, mehrere Tage ohne Wasser auskommen. Ich aber will Choco auf gar keinen Fall dürsten lassen und werde dafür sorgen, dass er jeden Abend reichlich zu trinken bekommt.

Vom Dorfbrunnen sind es gut zwei Kilometer auf einem kaum befahrenen Sträßchen zur Kapelle des heiligen Rochus. Umgeben von blühenden Wiesen und hohen Bäumen, wirkt die Kapelle einladend und freundlich mit ihren hellen Steinen, dem roten Ziegeldach und der Glockenarkade. Ein reizvoller Platz für eine Rast, denke ich. Choco nehme ich das Gepäck ab und binde ihn an eine 15 Meter lange Leine, die ihm genügend Bewegungsfreiheit lässt, sich sein Futter zu suchen. Inzwischen besichtige ich die Kapelle.

Der heilige Rochus wird in Südfrankreich hochverehrt und hat den Apostel Jakob an manchen Orten aus seiner bevorzugten Stellung verdrängt. So auch hier, denn ursprünglich war diese Kapelle dem heiligen Jakob geweiht. Wer aber war dieser Rochus? Im Jahr 1295 in Montpellier als einziger Sohn reicher Eltern geboren, hätte

Die Kathedrale von Le Puy – Ausgangspunkt der via podiensis

Morgennebel über dem Tal der Virlange

Wegkreuz im Aubrac

Über die steinige Hochebene des Aubrac

Choco stellt sich quer – Zeit für eine Rast

Hufpflege muss sein

Feinschmecker

Auch Esel genießen Zärtlichkeit

Nach einer langen Nacht im Heustadel

Pilgerbrücke – unüberwindbar für Choco

Choco nimmt Witterung auf

Choco bleibt standfest

Choco nimmt allen Mut zusammen

Manchmal geht's auch über Stoppelfelder

er eigentlich ein unbeschwertes Leben in Wohlstand führen können. Aber das blutrote Muttermal auf seiner Brust in Form eines Kreuzes stigmatisierte ihn für ein leidvolles Schicksal. Nach dem Tod der Eltern verschenkte er sein Vermögen an die Armen und pilgerte nach Rom. Völlig mittellos war er auf milde Gaben angewiesen und dem Hungertod oft nahe. Auch in Rom, wo er sich einige Zeit aufhielt, fristete er ein kümmerliches Dasein. Als die Pest ausbrach und viele die Stadt in Panik verließen, blieb Rochus und pflegte aufopfernd die qualvoll Sterbenden.

Auf dem Rückweg in die Heimat erkrankte er dann selbst und verkroch sich in einer einsamen Hütte im Wald. Er wäre verhungert, hätte ihm nicht ein Hund täglich frisches Brot gebracht. Rochus überwand die Krankheit, kam wieder zu Kräften und konnte seine Heimkehr fortsetzen. Doch kaum war er in Frankreich, wurde er als Spion verdächtigt und in den Kerker geworfen. Fünf Jahre litt er in einem dunklen, feuchten Loch und starb dann elendiglich, erst 32 Jahre alt. Welch tragisches Schicksal, denn nach seinem Tod wurde seine Identität offenbar und man erkannte seine Unschuld.

Das Volk verehrt ihn wegen seiner Selbstaufopferung noch heute und die Kranken bitten ihn um Erlösung von Leid und Schmerz. Er, der so barmherzig war, die Pestkranken zu pflegen und selbst die tödliche Krankheit am eigenen Leib erfuhr, wird ihre Situation am besten verstehen und ihnen helfen, so glauben und hoffen die Notleidenden. Als Pestheiliger ist Rochus weit über seine Heimat hinaus bekannt. Eine berühmte Verehrungsstätte in Deutschland ist der Rochusberg bei Bingen. In zahlreichen Kapellen und Kirchen steht seine Statue. Mit hochgezogenem Rocksaum präsentiert er die Pestwunde an seinem Oberschenkel und zu seinen Füßen liegt oft ein Hund, meist mit einem Stück Brot im Maul.

Als ich die Rochus-Kapelle fotografieren will, kann ich meinen Apparat nicht finden. Wo ist er nur? Hastig durchsuche ich das

Gepäck. Eine französische Pilgerin beobachtet mein aufgeregtes Tun.

»Vermissen Sie etwas? Vielleicht einen Fotoapparat?«, fragt sie schließlich.

»Ja, wieso?«

»Ich habe vorhin einen gesehen, in Ramourouscle, am Brunnen«, antwortet sie freundlich.

Ich bin erleichtert, ärgere mich aber gleichzeitig über meine Nachlässigkeit. Ich erkläre Choco, warum ich ihn kurze Zeit allein lassen muss, und renne die zwei Kilometer im Dauerlauf zurück. Mindestens zehn Pilger kommen mir auf der Strecke entgegen. Alle rufen mir lachend zu: »Sie haben wohl Ihre Kamera vergessen? Sie liegt noch am Brunnen!«

Als ich zur Kapelle zurückkomme, steht Choco schon vorn am Weg, so weit es die Leine zulässt, und hält nach mir Ausschau. Als er mich erspäht, begrüßt er mich mit lautem Geschrei. Ich umarme ihn, streichle zärtlich seinen Hals und die langen Ohren und tröste ihn: »*Mon petit*, hab keine Angst, ich lass dich niemals allein. Wir gehören doch zusammen.« Ich freue mich über seine Anhänglichkeit, die zeigt, dass er sich mir schon zugehörig fühlt.

In der Wanderherberge von Montbonnet gibt es zwar ein Bett für mich, aber für Chocolat keine Weide. So stärke ich mich in der Bar »Le Saint-Jacques« mit einem Milchkaffee und fülle den Faltkanister mit frischem Wasser, bevor wir mit dem Aufstieg zu den Monts du Devès beginnen. Dunkel erhebt sich die vulkanische Bergkette aus dem Wiesengrund, bewaldet mit Kiefern, Fichten und Laubbäumen. Inmitten dieses Bergwaldes liegt der Lac de l'Œuf, wörtlich übersetzt: Ei-See.

Vom Pfad spähe ich in den Wald hinein, ob das Gelände zum Campieren geeignet ist. Zwischen Kiefern entdecke ich eine ebene

Fläche, groß genug für das Zelt, mit freier Sicht ins Tal und doch geschützt vor den Blicken neugieriger Wanderer. Während ich das Lager errichte, stillt Choco seinen Hunger mit Waldkräutern und frischem Laub. Ich beneide ihn ein wenig, dass er so problemlos seine Nahrung überall am Wegesrand finden kann, während ich aufwändig planen, einkaufen und kochen muss.

Durch die Bäume leuchtet die Abendsonne und in den Lichtstrahlen tanzen Mückenschwärme. Ein Kuckuck ruft unermüdlich und von einer fernen Weide bimmeln Kuhglocken herüber. Bevor die Nacht hereinbricht, spaziere ich durch den Wald zum Lac de l'Œuf, der oben auf dem Scheitelpunkt der Gebirgskette eingebettet liegt. Wie die Maare der Eifel ist er ein Implosionskrater, der sich mit Wasser füllte und allmählich zu einem Hochmoor verlandet ist.

Es ist seltsam still. Gespenstisch wehen bleiche Bartflechten an knorrigem Kieferngeäst. Dieser Wald wäre die ideale Kulisse für den Auftritt von Zwergen, Trollen und Feen. Aber nichts rührt sich, nicht einmal Reh, Hase oder Fuchs zeigen sich.

Felsenkapelle über der Schlucht

Vom Lac de l'Œuf nach Rochegude, 10 km

Vogelgesang weckt mich frühmorgens um fünf Uhr. Ich öffne das Zelt einen schmalen Spalt. Noch ist es dunkel. Irgendwo steht Choco und füllt seinen Magen. Sehen kann ich ihn nicht, höre nur das Malmen seiner Zähne. Ich bleibe im Zelt und kuschle mich tiefer in den Schlafsack, denn bei vier Grad Celsius ist es unangenehm kalt. Als es um sechs Uhr langsam hell wird, krieche ich aus dem Zelt und Choco begrüßt mich lautstark.

»Ja, freust du dich denn, mich zu sehen, oder verwechselst du mich mit deinem Freund Pedro?«, frage ich lachend und kraule ihn zärtlich.

Über zwei Stunden dauert es, dann ist alles gepackt, Chocos Fell gebürstet, die Hufe gereinigt, Sattel befestigt und Gepäck aufgeladen. Eine kräftezehrende Arbeit, bei der mir die Lust aufs Frühstück vergeht. Ich werde es später nachholen, vielleicht unterwegs einen Kaffee trinken. Nun soll es endlich losgehen!

Während ich den Lagerplatz inspiziere, ob ich nichts vergessen habe, zerrt Choco ungeduldig an der Leine. Das Gepäck auf seinem Rücken ist für ihn das Signal zum Aufbruch. Die Steilheit des Pfades hinauf zum Lac de l'Œuf beeindruckt ihn nicht im Geringsten und ich muss mich anstrengen, mitzuhalten. Gerne würde ich mich auf die märchenhafte Stimmung des wild verwachsenen Bergwaldes einlassen, muss aber ständig den vorwärts stürmenden Esel bremsen, damit die Packsäcke nicht von sperrigen Ästen aufgeschlitzt werden.

Vom Bergrücken der Monts du Devès führt der Wanderweg in sanften Windungen hinab zum Weiler Le Chier. Zwei Frauen in geblümten Kittelschürzen treiben eine Kuhherde aus dem Dorf hinaus auf die Weide. Meine Frage nach einem Café quittieren sie nur mit einem müden Lächeln. Schon seit Jahren gebe es weder ein Café noch einen Lebensmittelladen hier im Ort. Gut, dass ich am Abend zuvor Tee gekocht und in eine Thermosflasche gefüllt habe. Auf einer Bank beim Brunnen frühstücke ich und Chocolat lässt sich die ringsum wachsenden Pflanzen schmecken.

Nun folgt eine steile Wegstrecke mit sperrigen Wurzeln, Steinblöcken und Schlammlöchern. Einmal fließt ein Bach quer über den Weg. Während ich einen Übergang suche, nimmt Choco Anlauf und ehe ich ihn zurückhalten kann, springt er samt Gepäck in hohem Bogen hinüber. Ich bin beeindruckt, wie viel Kraft in dem Eselchen steckt!

»Choco, du Wilder! Konntest du nicht warten?«, schimpfe ich mit meinem übereifrigen Begleiter, freue mich aber insgeheim über seinen Mut. Da ahne ich noch nicht, dass es der Mut der Verzweiflung war – denn Chocolat ist wasserscheu, wie sich noch herausstellen sollte.

Vorbei an einer alten Mühle gelangen wir nach Saint-Privat d'Allier. Häuser, Kirche und Burg drängen sich auf einem Felsvorsprung 300 Meter hoch über dem Flusstal. Seinen Namen verdankt der Ort dem heiligen Privatus, einem Bischof, der im Jahr 258 den Märtyrertod erlitt. Er fiel eroberungswütigen Alemannen zum Opfer, die während der Völkerwanderung das Land verwüsteten.

Wie oft auf dem Weg, markiert das Zeichen der Muschel auch in Saint-Privat d'Allier ein bedeutsames Ziel: eine romanische Kirche aus dem 12. Jahrhundert. Besonders beeindruckt mich die meisterliche Ausführung der Kuppel. Lavagestein, passgenau behauen und fein verfugt, wölbt sich in einem vollendeten Rund. Unwillkürlich vergleiche ich diese makellose Wölbung mit dem Himmel, der uns ja auch wie ein Gewölbe erscheint. Es ist, als solle die Kuppel aus

Lavagestein, geboren aus dem glühenden Bauch der Erde, zwei Gegensätze einander näher bringen: Himmel und Erde.

Ich versorge mich in einem kleinen Krämerladen mit Brot und Obst, dann steige ich auf einem schmalen Pfad wieder bergauf. Es ist drückend schwül. Ich keuche ein bisschen, aber Choco lässt sich keine Schwäche anmerken. Unermüdlich stöckelt er weiter. Seine Hufe klappern auf dem steinigen Untergrund.

Oben auf der Felsspitze thronte einst die Burg Rochegude. Heute stehen vom befestigten Felsennest nur noch der Turm und eine Kapelle, die dem heiligen Jakob geweiht ist. Als sei sie mit dem Fels verwachsen, erhebt sie sich kühn über dem Abgrund. Das Dach ist mit Steinplatten gedeckt, die aussehen wie der Schuppenpanzer einer Echse.

Ich spüre die Wärme, als ich mich neben die Kapelle setze und meinen Rücken an die sonnenbestrahlte Mauer lehne. Meine Beine baumeln in der Luft. Unter mir schlängelt sich der Fluss Allier durch eine tiefe Schlucht. Sattgrün leuchten Wälder, Wiesen und Felder. Dort im Tal liegt Monistrol, die nächste Station auf dem Pilgerweg. Beim Blick über das Tal kann ich gegenüber schon das Bergland der Margeride erkennen und einen Weg, der sich in der Ferne verliert. Auf diese Hochfläche müssen wir am nächsten Tag hinauf.

Ich fühle mich sehr wohl an dem luftigen Platz mit dem weiten Ausblick und lasse die Zeit verstreichen. Auf der Wiese unterhalb der Felsen hat Choco längst schon entdeckt, wo die leckersten Gräser wachsen. Zwar sind wir heute erst zehn Kilometer gewandert, doch es war eine besonders anstrengende Strecke mit vielen Auf- und Abstiegen. Deshalb werden wir unsere Rast bis morgen verlängern und dann erst ausgeruht den berüchtigten steilen Weg ins Tal angehen.

Im Schutz der Felsen mit Turm und Kapelle liegt das Dorf Rochegude, wenige Häuser nur. Neben dem Wanderweg, der wieder aus dem Ort hinausführt, finde ich einen Flecken mit Gras für Choco und genügend Platz für mein Zelt.

Am Abend spazieren zwei Frauen vorbei, gefolgt von einem lustigen gelben Hund. Meine Anwesenheit scheint sie nicht zu stören. Nur ein knappes *bonsoir, madame*, und sie gehen eifrig schwatzend weiter. Wenig später tauchen drei Männer auf. Sie interessieren sich für Choco, fragen, ob er störrisch sei, und sind sichtlich enttäuscht, als ich verneine. Nach ihrem Verständnis gehört es sich wohl für einen richtigen Esel, dass er störrisch ist.

Gefährlicher Abstieg

Von Rochegude nach Montaure, 9 km

Der Himmel ist klar, als ich morgens um sechs Uhr meinen Kopf aus dem Zelt strecke und Choco mir seinen Morgengruß entgegentrompetet. Das Allier-Tal aber ist wie mit dicker, grauer Watte gefüllt. Der Dunst steigt nach oben. Schon wehen zarte Schleier durch die Glockenarkade der Jakobskapelle, umweben Turm und Gemäuer. Die lichten Nebelfetzen verschmelzen zu dichten Schwaden und bald ist jede Sicht verdeckt.

Ich lasse mich nicht entmutigen, schließlich gibt es viel zu tun, bis Choco wanderbereit ist, und später wird sich der Nebel sicherlich auflösen. Diesmal will ich zuerst frühstücken, um für den kräftezehrenden Abstieg gerüstet zu sein. Während ich noch mit Packen beschäftigt bin, kommen schon die ersten Pilger des Weges. Sie haben frühmorgens die Herberge in Saint-Privat d'Allier verlassen und bereits den erschöpfenden Aufstieg bis Rochegude hinter sich.

Die Strahlen der Sonne saugen den letzten Nebeldunst auf, endlich sind wir bereit für den Abstieg in die Schlucht. Chocolat folgt mir vertrauensvoll. Steil führt der Pfad durch den Bergwald hinab, entlang senkrechter Felswände und wild verwachsener Abhänge. Erschrocken erkenne ich, dass der Weg für einen beladenen Esel viel zu gefährlich ist. Aber nun ist es zu spät, es gibt kein Zurück mehr! Nirgendwo eine Stelle, die breit genug wäre, um zu wenden. Nur eine Richtung ist möglich – nach unten! Aber wie? Choco rutscht auf matschiger Lehmerde und stolpert über Wurzeln. Höllenängste durchleide ich bei der Vorstellung, er könnte sich die Beine brechen. Mit aller Kraft presse ich mich gegen ihn, um ihn zu bremsen, denn er stürmt in halsbrecherischem Tempo bergab und Hindernisse will er gar überspringen.

Dann – eine drei Meter tiefe Felswand! Ein seitliches Umgehen ist ausgeschlossen. Wir müssen den Felsen hinab oder wir stecken hier für alle Zeiten fest. Zentimeterweise taste ich mich rückwärts nach unten und presse beide Hände frontal gegen Chocos Brust. Ein Alptraum! Ich befürchte schon, mein Esel könnte sich überschlagen und mich unter sich begraben.

Aber wir schaffen es! Wie durch ein Wunder überwinden wir unbeschadet das Hindernis. Mir zittern die Knie und ich schwöre mir, dass ich in Zukunft ähnliche Abstiege meiden und lieber weite Umwege in Kauf nehmen will, um mich und meinen Esel nicht wieder in so eine Gefahr zu bringen.

Choco drängelt weiter, er will den schlimmen Steilhang hinter sich bringen. Ich aber vernehme plötzlich lautes Beten und bleibe verwundert stehen. »... der Herr ist mit dir, du bist gebenedeit unter den Weibern und gebenedeit ist die Frucht deines Leibes, Jesu. Heilige Maria, Mutter Gottes, bitte für uns Sünder jetzt und in der Stunde unseres Todes! Amen!«

Das in Eile herausgepresste Gebet klingt, als sei jemand in großer Not, als stehe das letzte Gericht bevor oder als solle der Teufel ausgetrieben werden. Wer mag das sein? Da sehe ich eine Frau die Felswand herabklettern und ihr Anblick überrascht mich sehr. Die von Seelenpein gequälte Betschwester, die ich mir vorgestellt hatte, entpuppt sich als modisch gekleidete Person, jung und sportlich. Aus Schwaben sei sie, was nicht zu überhören ist. Begeistert ruft sie: »Ein Esel! Oh, wie süß! Darf ich ein Foto machen? Bitte, bitte!« Und schon knipst sie ihre Bilder und zwitschert vor jedem Klicken: »Oh, wie süß!«

Ich bin zu keinem Gespräch fähig, zu unerwartet kam für mich die Verwandlung von religiöser Inbrunst in touristisches Gehabe.

Die Frau tätschelt Choco am Hals, blickt sich noch einmal um, macht schnell noch ein letztes Foto, winkt und schon ist sie verschwunden. Und nun, wie auf Knopfdruck, schallt es wieder von neuem durch den Wald: »Gegrüßet seist du, Maria, voll der Gnade, der Herr ist mit dir, du bist gebenedeit unter den Weibern ...«

Verwundert schüttle ich den Kopf. Was war das eben? Ich dachte, Beten bedürfe innerer Sammlung. Oder ist die Pilgerin ein vorbildliches Beispiel für gelebte Frömmigkeit, wo das Heilige nahtlos mit dem Profanen verwoben ist, eins ins andere übergeht? Ich weiß nicht so recht. Vielleicht missdeute ich den Glauben, weil ich ihn von außen betrachte und mein Respekt vor religiösen Handlungen zu groß ist. Mir kam es jedenfalls vor wie eine Entweihung, als die Frau ihr Gebet wegen ein paar Fotos unterbrach.

Vielleicht rührt mein Befremden auch daher, weil religiöse Rituale im öffentlichen Leben heute kaum noch eine Rolle spielen und der Glaube fast völlig in den privaten Bereich abgedrängt wurde. Ich will das weder bedauern noch werten, einfach feststellen. Es mag sein, dass ich auch darum auf dem Pilgerweg bin, um Menschen zu begegnen, die den Glauben in sich tragen und lebendig halten.

Als wir die grauen Steinhäuser von Pratclaux erreichen – der Name bedeutet versteckte Weide –, weiß ich, dass Choco und ich den schwierigsten Teil des Abstiegs gemeistert haben. Von hier geht es zwar noch weiter bergab, aber auf einem Saumpfad.

Schließlich treten wir aus dem schattigen Bergwald heraus und stehen plötzlich auf einer sonnenhellen Straße, die sich neben dem Fluss durchs Tal windet. Daneben die Eisenbahntrasse der Strecke Clermont–Nîmes. Damit Züge durch die enge Schlucht fahren können, mussten Tunnels in dichter Folge gebaut werden. Bei Eisenbahnfreunden gilt das Allier-Tal als eine der schönsten und aufregendsten Strecken in Frankreich.

Die Häuser der Ortschaft Monistrol säumen die Straße, ein Kraftwerk, industrielle Anlagen, dann eine Brücke, deren luftiger Boden aus eisernem Gitterwerk besteht. Ein Blick genügt und mir ist klar – sie wird meinem Begleiter Angst einflößen. Leider gibt es weit und breit keinen anderen Übergang.

Heute musste ich schon einmal erleben, was es bedeutet, mit einem Esel unterwegs zu sein, dort oben an der Felswand. Erst jetzt wird mir bewusst, dass sicherlich noch viele Hindernisse auf uns lauern, die ich als gewöhnliche Wanderin gar nicht wahrnehmen würde, die aber für mich und Choco zur Katastrophe werden könnten. Eine nervöse Anspannung breitet sich in mir aus, eine bedrohliche Ahnung von Gefahr und Unglück. Zwar werden die beglückenden Erlebnisse meine Befürchtungen überdecken, aber tatsächlich sollte kaum ein Tag vergehen, an dem wir uns nicht einer neuen Herausforderung stellen mussten.

Jetzt also die Brücke: Ich gehe voran, schaue mich nicht um, als sei alles normal. Choco zockelt hinter mir her. Dann – wie ich es befürchtet habe – verstummt das Klappern seiner Hufe. Die Leine strafft sich. Ich wende mich um und er guckt mich an mit einem Blick, der signalisiert: Ja, bist du jetzt völlig verrückt! Da kriegst du mich nie und nimmer rüber! Siehst du denn nicht die gefährlichen Löcher überall?

Was soll ich tun? Ich fühle mich wie eine Mutter, deren Kind sich fürchtet und die irgendwie sein Vertrauen gewinnen muss. Bitten und Betteln, Schimpfen und Strafen würden alles nur noch schlimmer machen. Bestimmt und ruhig rede ich auf Choco ein. Ich habe wohl den richtigen Ton getroffen, meine Stimme muss überzeugend geklungen haben. Vorsichtig macht Choco einen ersten winzigen Schritt mit seinem rechten Bein, dann zieht er das linke nach, steht schließlich mit allen vier Hufen auf dem unheimlichen Gitter. Er schaut mich fragend an: Soll ich tatsächlich weiter?

»Ja, gut machst du das!«, lobe ich ihn. »Komm nur, weiter geht's! Das packen wir schon!«

Mutig geworden schreitet er aus und seine Hufe klappern im flotten Rhythmus. Unter uns rauscht der Fluss und seine Wellen glitzern durch den löchrigen Boden. Am Ende der Brücke atme ich auf. Noch einmal gut gegangen! Was wird uns als Nächstes erwarten?

Nach der Brücke folgen wir einer Straße und bald liegen die letzten Häuser von Monistrol hinter uns. Wir biegen erneut in den Pilgerweg ein, der extrem steil hinauf zum Bergland der Margeride führt. Seine Bezeichnung verdankt das Gebiet dem Dorf Margeride oben auf der Höhe der Pass-Straße. Von dort verbreitete sich der Name auf den gesamten Gebirgszug, der sich zwischen den Tälern des Allier im Osten und der Truyère im Westen erstreckt. Die höchsten Gipfel erheben sich über 1500 Meter und im Winter sind die Pässe wegen der Schneewehen oft unpassierbar.

Wir haben eine Pause eingelegt, danach mag Choco nicht mehr so recht weiter. Zum ersten Mal ist er lustlos, seine Hufe klappern nicht, er schlurft dahin, als trage er Pantoffeln. Der Pfad ist aber auch wirklich steil und ich lasse meinen Esel das Tempo selbst bestimmen. Ab und zu bleibt er stehen und schnauft tief. Graziös winkelt er ein Hinterbein an, entspannt sich und tippt nur mit der Hufspitze auf den Boden. Zuerst legt er nach hundert Schritten einen Halt ein, dann nach fünfzig Metern und schließlich bleibt er alle zehn Meter stehen.

Ich werde misstrauisch und schaue ihn prüfend an. »Bist du wirklich so erschöpft, Choco?«

Seine Augen blitzen und mir geht ein Licht auf. Er hat meine Gutmütigkeit ausgenützt und sein Spiel mit mir getrieben. Wieder, wie schon bei der Brücke unten in Monistrol, erinnert mich sein Verhalten an ein Kind, das seine Grenzen erforscht.

»Na, du Schlawiner!«, lache ich. »Du bist durchschaut. Kannst mir doch keinen Bären aufbinden!« Dann bemühe ich mich um einen strengen Ton: »Nun aber los! Marsch!«

Der Pilgerweg folgt manchmal der Straße, dann wieder führt er den Steilhang hinauf durch trockenen Kiefernwald mit gelb flammenden Ginsterbüschen und purpurrotem Fingerhut. Granitfelsen und gewaltige Basaltorgeln bestimmen die Landschaft. Im Erdaltertum wallte hier glühende Magma aus dem Bauch der Erde, aber noch bevor die Gesteinsschmelze die Erdoberfläche erreichte, erkaltete sie zu Basalt und Granit. Diese Urgesteine, freigelegt von Wind und Wasser, sind um vieles älter als das Lavaplateau des Velay, das wir in den letzten drei Tagen durchwandert haben.

Am steilsten Abschnitt des Wegs schmiegt sich eine Magdalenenkapelle in eine von Basaltsäulen geformte Grotte. Auch hier waren zuvor schon die Kelten gewesen und hatten in dieser geheimnisvollen Nische hoch oben im Felsen ihre Götter verehrt.

Nach drei Stunden anstrengenden Aufstiegs erreichen wir die Hochebene. Es ist spät am Nachmittag – Zeit, sich nach einem Quartier umzuschauen. Vor uns liegt das Dorf Montaure. Ein paar Häuser aus wetterdunklem Granit glucken eng zusammen. Nur wenige Menschen leben in dieser abgelegenen Ortschaft, wo es weder Bäcker noch Einkaufsläden gibt und erst recht kein *gîte*, wie eine Wanderherberge in Frankreich heißt. Weiter aber will ich nicht gehen. Zwar haben wir heute kaum zehn Kilometer geschafft, aber was für welche! Sechs Stunden schweißtreibendes Auf und Ab!

Der Wald neben dem Pfad wirkt einladend. Weiche Gräser bedecken den Boden, graue Flechten wehen im Wind und mannshohe Farne bieten Sichtschutz. Zwischen Kiefern spanne ich die Plane und baue das Zelt darunter auf. Bevor ich mir etwas zu essen koche, wird Choco versorgt, sein Fell gestriegelt, die Hufe werden von spitzen Steinchen befreit und mit Hufpflegemittel geölt.

Nach dem Essen – Reis mit gebratenen Tomaten und Zucchini – besichtige ich Montaure. Es ist Abend und die Straßen sind menschenleer. An einem Haus entdecke ich wieder den Gruß an die Pilger, die Muschel, und ein Schild mit dem Hinweis, man verkaufe Anstecknadeln für die *pèlerins de St. Jacques*.

Der Abendhimmel hüllt sich in einen dunklen Farbton wie die reife Frucht der Aubergine und ich male mir aus, was hier in Urzeiten der Erde geschah, als Lavaströme wie Höllenzungen aus den Vulkanen des Velay gegen das uralte Granitgestein der Margeride anbrandeten und schließlich erkalteten. Die Erde war in gewaltiger Bewegung damals, lange bevor Menschen lebten.

Rotkehlchen in der Kirche

Von Montaure nach Saugues, 8 km

Gelb glänzt die Sonne durch die Zweige der Kiefern. Bald schon wird ihr Licht von aufsteigenden Dunstschwaden aus dem tiefen Allier-Tal verdunkelt. Choco, von Nebelschleiern umhüllt, erscheint mir wie ein geheimnisvolles Waldtier.

Wir tasten uns langsam voran, ohne die Umgebung richtig wahrnehmen zu können. Plötzlich lichtet sich der Vorhang – und die Welt ist wieder sichtbar, eine sanft gewellte Hochebene mit Wäldern, Weiden und Feldern. An den Wegrändern blüht Ginster. In den Hecken zwitschern Bluthänflinge, Stieglitze und Goldammern. Kuckuck und Grünspecht rufen abwechselnd und auf den sorgfältig geschichteten Granitmauern wippen die Steinschmätzer.

Wir haben eine Höhe von 1050 Metern erreicht und durchwandern die verstreut liegenden Dörfer Roziers, Le Vernet und Rognac. Grauer Granit prägt den Charakter der Orte und lässt sie irgendwie schwermütig erscheinen. An den gemeißelten Jahreszahlen über den Eingangstüren kann ich das Alter der Gebäude ablesen: 1880, 1888, 1910. Später, nach dem Ersten Weltkrieg, der die Dörfer entvölkerte, gab es keinen Grund mehr, neue Häuser zu bauen.

Nähere ich mich einer Ortschaft, freue ich mich schon auf eine Rast am Dorfbrunnen und genieße dann das frische Quellwasser in vollen Zügen. Mit Schildern, auf denen *eau potable* steht, ist es als Trinkwasser gekennzeichnet. Selten begegnen mir Menschen, meist sind sie alt und schweigsam. Manchmal interessiert sich ein Hund für Choco und wagt sich vorsichtig näher oder das Gegacker aufgeregter Hühner begleitet uns aus dem Dorf hinaus.

Kein Tag ohne Schrecken! Diesmal ist der Weg überflutet. Damit nicht genug – beidseits sind Steinmauern und Stacheldraht, ein Ausweichen gibt es nicht. Ich ziehe Schuhe und Socken aus und durchwate den knietief mit Wasser bedeckten Pfad. Mein Beispiel beeindruckt Choco in keiner Weise. Er denkt nicht daran zu folgen. Umkehren? Einen großen Umweg in Kauf nehmen? Bloß nicht – wenn ich ihm jetzt seinen Willen lasse, wird er künftig bei jeder Pfütze kneifen. Wichtig ist, dass er lernt, mir zu vertrauen. Ich nutze die Gelegenheit, stelle die Kamera aufs Stativ und schieße ein paar Fotos mit Selbstauslöser. Thema: Eselführerin mit bockigem Esel.

Ich bespritze seine Beine, plantsche vor seiner Nase und versuche ihn an das nasse Element zu gewöhnen. Lange plage ich mich vergeblich. Allmählich gebe ich die Hoffnung auf und denke an Rückzug. Da kommt mir der Zufall in Gestalt eines Pilgers zu Hilfe. Der überlegt nicht lange und gibt meinem Esel einen Klaps auf das Hinterteil. Choco ist überrascht und weicht ins Wasser aus. Ich nutze den günstigen Augenblick, greife fest ins Halfter und mache mit lauten Befehlen den nötigen Druck. Zögernd und mit furchtsam rollenden Augen stapft er durch den überfluteten Weg. Geschafft!

Unten im Tal liegt Saugues. Am Abhang ragen meterhohe Holzfiguren in den Himmel. In dieser Gegend soll fast jeder ein Meister der Holzschnitzkunst sein. Eine Figur beeindruckt mich besonders: *la bête du Gévaudan*. Das Furcht einflößende Ungeheuer setzt zum Sprung an, den Rachen mit den Reißzähnen drohend aufgerissen, als wolle es die unten im Tal liegende Stadt verschlingen. Das Untier tötete in nur drei Jahren von 1764 bis 1767 über einhundert Menschen, heißt es. Was war das für ein Wesen? Wolf, Hyäne, Löwe oder gar ein Mensch? Der Holzschnitzer hat einen Wolf dargestellt, klapperdürr und mit gieriger Fratze. Kann es aber sein, dass einem einzigen Wolf so viele Menschen zum Opfer gefallen sind? Ob ich in Saugues mehr erfahren werde?

Weit unten im Tal leuchten mir die roten Dächer des Marktortes entgegen, überragt vom »Turm der Engländer«, dem Wahrzeichen der Stadt, grau und trutzig. Er wurde als Wehrturm in der Zeit des Hundertjährigen Krieges errichtet, als die Engländer weite Gebiete Frankreichs erobert hatten. Im Mittelpunkt der Stadt steht die Saint-Médard-Kirche. Geweiht ist sie dem heiligen Medardus, dem ehemaligen Bischof von Noyon, dessen Verehrung auf Wunderberichte im 6. Jahrhundert zurückgeht.

Wir haben Glück und müssen nicht in den Ort hinein. Die einladende Jakobsmuschel über der Tür des ersten Hauses am Ortseingang kennzeichnet es als *gîte*. Der Herbergsvater, Monsieur René, begrüßt mich mit freundlicher Würde. Er liebt Esel, und Choco darf frei auf der Wiese vor seiner Herberge weiden. Kaum hat er das Gepäck vom Rücken, wirft er sich auch schon nieder, wälzt sich im Gras, grunzt wohlig und voller Vergnügen.

Ich gehe durch das Haus und kann mir den schönsten Raum aussuchen. Ich wähle ein Eckzimmer mit Holzdielen und drei hohen Fenstern, die vom Boden bis zur Decke reichen und den Blick freigeben auf die Medardus-Kirche, den Wehrturm und die Dächer von Saugues. Nach drei Übernachtungen in Wald und Nebel genieße ich den Luxus von Bett und Dusche.

Der Patron, Monsieur René, stammt aus Saugues, lebte und arbeitete aber zwanzig Jahre lang in Paris, bevor er wieder in seine Heimatstadt zurückkehrte. Seitdem betreibt er mit seiner Schwester zusammen die Herberge, die er mit viel Fantasie und kuriosen Einfällen gestaltet hat; aber auch ein Hauch von Pariser Charme und genialem Chaos fehlen nicht.

Choco fühlt sich in dem weiträumigen Garten wohl und betätigt sich ausgiebig als »Rasenmäher«. Befreit von der Sorge um ihn, kann ich zur Besichtigung des Ortes aufbrechen. Aber ich habe Pech. Ausgerechnet heute ist der »Turm der Engländer« geschlossen, auch das Museum und alle Geschäfte – es ist nämlich Feiertag in ganz Frankreich.

Immerhin – an der Tür des Museums hängt ein eindrucksvolles Plakat und ich kann mir ein Bild machen von dem dramatischen Geschehen längst vergangener Tage. Ein unerschrockener Jäger zielt auf einen zum Sprung bereiten Wolf. Der Name des Jäger ist überliefert: Jean Chastel. Ihm soll es endlich gelungen sein, *la bête du Gévaudan* zu erlegen. Das Morden hörte schlagartig auf. Zufall oder nicht? Ob das Tier wirklich der Übeltäter war, konnte nie bewiesen werden. Fest steht nur, dass Jean Chastel mit der halb verwesten Beute nach Versailles reiste, von König Ludwig XV. empfangen und für seine Tat reich belohnt wurde.

Mein nächstes Interesse gilt der Medardus-Kirche. Sie beherbergt zwei wertvolle Mariendarstellungen. Die eine ist die aus Holz geschnitzte Pieta aus dem 15. Jahrhundert. Die Hände fromm gefaltet, blickt Maria kummervoll auf den toten Körper ihres Sohnes, der nackt über ihren Knien liegt.

Die zweite kostbare Schnitzerei aus dem 12. Jahrhundert zeigt Maria mit Kind, schlicht und in sich ruhend. Eine Haube mit goldener Borte umschließt streng ihr Antlitz. Ihre übergroßen Augen hat sie weit in die Ferne gerichtet, als öffne sich ihr die Unendlichkeit. Auf ihrem Schoß sitzt Jesus in Form eines verkleinerten Erwachsenen, denn für die Künstler der Romanik gab es keinen Unterschied bei der Darstellung von kindlichen und erwachsenen Körperproportionen.

Ein überirdisch wirkender Ton durchdringt die Stille des Kirchenraumes. Er wird von den Wänden aufgefangen, zurückgeworfen und vielfach verstärkt, als würden die Mauern singen. Die Klänge vibrieren, schwellen an und immer neue Töne schwingen und reifen zum Gesang. Die Musik berührt mich tief. Sie ist erfüllt von Trauer und Leid, von Weinen und Lachen.

Das Lied klingt aus und ich möchte wissen, wer der Sänger war. Gerade noch sehe ich, wie ein Mann mit schulterlangen Haaren die Kirche verlässt. Für einen Moment leuchtet sein rotes Hemd im sonnenhellen Portal, dann ist er aus meinem Blickfeld verschwunden. Ich folge ihm, doch auf einmal scheue ich mich, ihn einfach so anzusprechen. Aber auch er hat mich bemerkt und sein Blick mustert mich neugierig.

»Waren Sie das eben? Haben Sie in der Kirche gesungen? Was war das für ein wundervolles Lied?«, frage ich.

Er lächelt. Sein ungewöhnlich schmales Gesicht wird von den Augen dominiert, Augen, die wie Bernstein von innen zu leuchten scheinen.

»*The river is deep*, ein Gospel«, antwortet er. Die spirituelle Kraft des Liedes habe die Akustik der Kirche auf wundersame Weise verstärkt, schwärmt er begeistert. Adriaen, wie der Sänger heißt, kommt aus Antwerpen und spricht gut deutsch. Nun mischt sich auch sein Freund Robert, der aus Genf stammt, ins Gespräch. Sie lernten sich auf dem Pilgerweg kennen, und da ihre spartanische Lebensweise übereinstimmt, ziehen sie gemeinsam weiter. Ähnlich wie die Bettler-Pilger im Mittelalter klopfen sie an Klosterpforten, klingeln beim Pfarrer und bitten um ein Nachtlager.

»Das klappt bisher ganz gut«, sagt Robert. »Meist bekommen wir Abendessen und ein Frühstück dazu.«

»Was aber ist der Sinn eurer Betteltour?«, frage ich.

Adriaen lacht. »Na, du bist gut! Es ist doch herrlich, wenn man ohne Geld reisen kann. Nur auf dem Pilgerweg geht das so einfach. Außerdem gehört es zur Spiritualität dieses Weges. Ihr bezahlt für euer Bett, esst fein im Restaurant und plant alles genau, deshalb seid ihr gar keine echten Pilger, sondern nur Wanderer.«

»Das stimmt nicht!«, widerspreche ich. »Nur weil ihr von der Hilfsbereitschaft anderer lebt, seid ihr nicht die wahren Pilger.«

»Doch, man muss frei sein von Geld und Besitz, sich ganz der Führung Gottes anvertrauen«, entgegnet Robert und es klingt, als lebte er immer nach diesem Prinzip, nicht nur auf dem Pilgerweg.

»Und ihr glaubt tatsächlich, Gott regelt alles für euch und ihr seid nicht für euch allein verantwortlich?«

»Das ist es ja. Gerade weil wir für uns verantwortlich sind, begeben wir uns in die Hand Gottes. Verantwortlicher könnte man gar nicht handeln. Wenn das nur alle Menschen erkennen würden! Es gibt nur einen Weg und der führt zu Gott«, ereifert sich Adriaen und seine bernsteinfarbenen Augen scheinen Funken zu sprühen.

»Aber was ist, wenn euer Dasein hier auf der Erde endet und es gar kein Jenseits gibt?«, frage ich.

»Gott hat uns für die Ewigkeit bestimmt. Unser Leben auf der Erde dauert nur einen Augenblick. So ist das nun mal«, beharrt Adriaen.

Es hat keinen Sinn zu widersprechen, denke ich. Die zwei Lebenskünstler haben sich ein luftiges Netz gesponnen, das sie vor dem Absturz bewahren soll, weil es ihnen vielleicht nicht gelungen ist, sich ein alltägliches Leben aufzubauen. Ein Leben mit den üblichen Pflichten von Familie und Beruf, Pflichten, die auf ihre Art auch ein Netz sind, weil sie auf andere Art Halt geben.

Adriaen streicht seine Haare zurück und sagt: »Ich will dir was erzählen, vielleicht verstehst du dann besser, was wir meinen. Es war in einer dieser romanischen Kirchen. Ich glaube, in Saint-Privat d'Allier. Dort war ein Vogel in die Kirche geflogen, ein Rotkehlchen. Es flatterte ängstlich umher und ich wollte ihm helfen. Während ich noch überlege, fliegt es über meinen Kopf hinweg durchs Portal hinaus in die Freiheit, ans Licht. Das Rotkehlchen erschien mir wie der Geist Gottes, der sich versehentlich in der Kirche verirrt hatte, und als er sich befreite, war er von hellen Strahlen erleuchtet. Dieser kleine Vogel war für mich ein spirituelles Erlebnis. Auch unsere Seele ist eingesperrt und wird erst frei in der Ewigkeit.«

Stacheldraht

Schlaftrunken tapse ich in die Küche der Herberge und erschrecke sehr, als sich ein schwarzer Schatten am Fenster bewegt. Erleichtert stelle ich fest, dass es Choco ist, der seinen Kopf neugierig gegen die Scheiben presst. Barfuß und in kurzem Hemd öffne ich die Tür. Er begrüßt mich lautstark, stupst mich mit seinem dicken Kopf und bekommt als Morgengabe eine gelbe Rübe.

Eigentlich würde ich gern noch einen Tag in Saugues bleiben, weil heute die Geschäfte, der Turm und das Museum wieder geöffnet haben, aber es treibt mich weiter. Bis zu meinem Ziel in den Pyrenäen liegt noch eine weite Strecke vor uns. Während der ersten vier Tage haben wir nur 45 Kilometer geschafft, denn Chocolat, mit dem Gepäck auf dem Rücken, geht nicht nur langsamer als ein Wanderer, er braucht auch immer wieder Pausen zum Fressen. Ein Eselmagen kann nicht auf Vorrat voll gestopft werden; mindestens dreimal am Tag muss Choco auf die Weide. Vielleicht nehme ich zu viel Rücksicht auf ihn, will ihn aber auch nicht überfordern, denn schließlich muss ich erst herausfinden, was er leisten kann und was seine Bedürfnisse sind. Bei dieser Reise spielt er die Hauptrolle und an mir ist es, mich anzupassen und von ihm zu lernen.

Wir sind mittendrin im Gedränge von Autos, Bussen, Lastwagen, Marktständen und Menschengewühl, denn heute ist Markttag in Saugues. Choco bleibt ruhig. Gleichmütig trabt er an meiner Seite, während ich immer nervöser werde. Es ist kaum ein Durchkommen. Obwohl die Verkaufsstände eine halbe Straßenbreite beanspruchen, ist die Durchfahrt für Autos nicht gesperrt. Die

Fahrzeuge machen mich verrückt. Sie verpesten die Luft, hupen nervtötend und fahren uns fast über den Haufen.

Und da passiert es! Plötzlich rutscht der Sattel samt Gepäck unter Chocos Bauch. Habe ich vergessen, den Gurt nachzuspannen? Wie alle Esel und Pferde pumpt auch Choco sich beim Satteln auf und lässt erst später die Luft wieder ab. Deshalb muss ich vor jedem Abmarsch immer kontrollieren, ob der Bauchgurt auch wirklich straff sitzt.

Chocolat steht ruhig und blickt mich mit seinen dunklen Augen an, als wolle er sagen: Da haben wir die Bescherung. Mach was! Bring das schnell wieder in Ordnung! Im Gewimmel von Menschen und Autos gelingt es mir schließlich, die festgezurrten Schnallen zu lösen und ihn von neuem zu beladen.

Erleichtert atme ich auf, als Saugues mit seinem Marktgetümmel hinter uns liegt. Der Weg ist gut markiert, denn die *via podiensis* ist auch Teil der französischen Fernwanderwege, der *sentiers de grande randonnée*. Schon von weitem sieht man die rotweißen Wegmarkierungen leuchten. Obwohl ich mir meine Pfade sonst gern selber suche, bin ich diesmal – mit einem ungeduldigen Esel als Weggefährten – dankbar für die Orientierungshilfe.

Über weites Wiesenland erreichen wir ein Flüsschen, die Seuge, die sich leise plätschernd im Talgrund schlängelt, und gelangen durch Nadelwälder nach La Clauze. Von der Burg aus dem 12. Jahrhundert ist nur der achteckige Turm erhalten geblieben, der mitten im Dorf auf einem Felsen steht. Auch die Häuser von La Clauze, kunstvoll aus Granitsteinen geschichtet, wirken mit ihren imposanten Torbögen sehr wehrhaft.

Der gewellte Pfad führt uns weiter durch Wälder und Wiesen. In den Niederungen wachsen wilde Narzissen, zarte Gewächse, weiß und hauchdünn. Ihren Kelch umrandet eine rote Linie, fein und akkurat, als sei sie mit einem Haarpinsel gemalt. Die unermesslich große Zahl dieser Blüten lässt die Landschaft wie mit Schnee bestäubt erscheinen.

Bei Parfümherstellern sind die Narzissen auch heute noch begehrt, sie werden mit einem speziellen Rechen geerntet und dann zu Essenzen verarbeitet. Das mag nur für diejenigen harmlos klingen, die nicht »Das Parfum« von Patrick Süskind gelesen haben, dessen Handlung in Südfrankreich spielt. Der Autor beschreibt eindringlich, wie den anmutigen Geschöpfen der Duft geraubt wird. Schaudernd ahnt man, dass der Protagonist des Romans, der monströse Parfümeur Grenouille, den Odem schöner Frauen auf ebenso grausame Weise extrahieren wird, um ein Parfüm auf Flakons zu ziehen, dem niemand widerstehen kann.

Nicht schon wieder! Erneut hängt der Sattel unter Chocos Bauch. Sorgfältig hatte ich die Gurte kontrolliert und nachgespannt, war aber schließlich beim letzten Loch angekommen. Ist Choco abgemagert oder liegt es am Fellwechsel? Beim Bürsten gehen ihm die Haare in Büscheln aus und sein wuscheliges Winterfell wird glatt und dünn. Was auch immer die Ursache ist, der Bauchgurt muss so fest sitzen, dass nur noch mein Finger dazwischenpasst.

Gerade bin ich dabei, mit dem Pfriem meines Taschenmessers ein weiteres Loch ins Leder des Gurtes zu bohren, da taucht am Waldrand eine Kuhherde auf. Die Tiere trampeln den Abhang herunter direkt auf uns zu. Eilig ziehe ich das Gepäck zur Seite, da sind die Viecher schon mit großem Getöse heran und drängen sich in den Wanderweg hinein. Die Nähe der dampfenden Tierleiber, ihre scharfen Hörner, der Trommelwirbel ihrer Klauenfüße, alles wirkt beängstigend. Sie schließen uns ein, wir sind mittendrin in der vorwärts stürmenden Herde.

Meinen kleinen Esel überfällt Panik. Nur weg von diesen Ungeheuern! Choco will über die Wiese flüchten, aber sie ist umzäunt. In seiner Angst wirft er sich gegen den Stacheldraht, prallt zurück und springt noch einmal hinein. Endlich habe ich mich durch die Kuhherde zu ihm durchgekämpft, kann ihn festhalten und beruhigen.

Wie ein Spuk waren sie aufgetaucht, die Unglückskühe, und schnell sind sie wieder verschwunden. Das Gepäck ist von spinatgrünem Kuhdung besudelt, aber schlimmer hat es Choco erwischt. Seine Brust ist vom Stacheldraht aufgerissen, Blutstropfen perlen über sein schwarzes Fell. Jetzt muss der Wundspray zum Einsatz kommen, den ich auf Anraten von Roselyn gekauft habe. Doch Choco fürchtet sich vor dem Geräusch der Sprühdose. Also träufele ich die violette Tinktur auf einen Wattebausch und betupfe damit die Wunden. Erleichtert stelle ich fest, dass die Verletzungen nicht bedenklich sind.

Nach diesem Schreck will ich nur noch wenige Kilometer bis Le Falzet gehen, wo es eine Wanderherberge gibt. Schwarzblaue Gewitterwolken lassen es nicht ratsam erscheinen, draußen zu übernachten. Doch die Herberge ist ausgebucht. Ich wäre notfalls auch mit einem Platz in der Scheune einverstanden und bettele um einen Unterstand für meinen Esel, der sich doch verletzt habe und nun verängstigt sei. Die geschäftige Leiterin der Herberge lässt sich auf keine Diskussion ein. Ob ich mich telefonisch angemeldet habe? Nein? Dann tue es ihr eben Leid. »Ce n'est pas possible. Je suis navrée!«

Von anderen Pilgern habe ich schon gehört, dass es besser sei, sich für die Nacht in den Herbergen anzumelden. Doch ich will nicht so genau planen und mich festlegen, denn es ist ein köstliches Gefühl von Freiheit, am Morgen noch nicht zu wissen, wo ich am Abend schlafen werde. Leider muss ich nun auch die Nachteile dieses unabhängigen Wanderns ertragen.

Ich schöpfe neue Hoffnung, als ich am Dorfbrunnen einer Bäuerin begegne. Ob sie ein Zimmer für die Nacht habe oder jemanden weiß, der vermietet, frage ich sie. Nein, sie selber sei darauf nicht eingestellt und die Besitzer der anderen Häuser wohnen nicht ständig hier.

Der Himmel verfinstert sich bedrohlich; ich muss schnell mein Zelt aufbauen, bevor das Gewitter losbricht. Unter Kiefern am Waldrand spanne ich als Erstes das Schutzdach auf. Kaum bin ich fertig, prasselt schon der Regen herunter. Länger als eine Stunde tobt das Unwetter, doch ich hocke geschützt im Trockenen und auch Chocolat stellt sich unter.

Später klart es wieder auf. Zwar wallen über den Baumwipfeln noch immer dunkle Wolken und schleppen schwer an der Feuchtigkeit, die sie über dem Atlantik aufgesogen haben. Aber hinter den Fetzen dieser Regenwolken leuchtet der Himmel strahlend blau.

Wasserscheu!

Von La Falzet zur Furt am Fluss Virlange, 8 km

»In keiner anderen Wanderherberge der *via podiensis* erlebt der Pilger den Geist mittelalterlicher Gastfreundschaft so hautnah wie in der Domaine du Sauvage, mitten in der unwirtlichen Margeride«, lese ich im Pilgerführer von Heinrich Wipper. Die Beschreibung macht mich neugierig. Mir liegt viel daran, in dem historischen Bauerngehöft aus dem 13. Jahrhundert ein Quartier zu bekommen, deshalb melde ich mich vorsichtshalber an und wir ziehen los.

Ein Tag zum Aufatmen, warm und sonnig. Der Wind hat die Regenwolken vom Vortag nach Osten getrieben. Die Ufer des Wiesenbachs im Tal der Virlange sind gesäumt von der verschwenderischen Fülle blühender Orchideen, wilder Narzissen, Stiefmütterchen mit himmelblauen Blüten, dottergelbem Hahnenfuß und zartviolettem Wiesenschaumkraut.

Als sei heute Volkswandertag in Frankreich angesagt, bewegen sich Massen von Menschen durch die Landschaft – und wir sind die Attraktion. Der Anblick meines Esels reizt die Leute zu begeisterten Ausrufen und sie wollen ihn streicheln. »*On peut faire une photo, s'il vous plaît?*«, werde ich immer wieder gefragt. Und ob wir auf dem Jakobsweg pilgern?

»Ja, natürlich!«, antworte ich irritiert. »Was sonst? Sind Sie denn keine Pilger?«

»Ach wo! Nein, wir wandern nur übers Wochenende auf dem GR 65, unserem Fernwanderweg.«

Da wird mir erst klar – ich bin hier nicht, wie ich es von Spanien kenne, inmitten einer Pilgergemeinschaft. Viele sind einfach nur

Wanderer, denen oft gar nicht bewusst ist, dass sie sich auf einem uralten Pilgerpfad befinden. Erst langsam entwickelt sich in Frankreich die Tradition des Pilgerns.

Der Pfad führt vom Tal bergauf in einen Wald. Geheimnisvoll ist der Übergang von der sonnenhellen Wiese in den grünen Dom des Buchenhains. Die Baumstämme ragen silbergrau und glatt wie Marmorsäulen in die Höhe und die jungen Blätter schimmern lichtgrün. Sonnenkringel tanzen über den Waldboden; es riecht nach Pilzen.

Nur wenige Kilometer sind es noch zu meinem Tagesziel, der Domaine du Sauvage, dem Landgut »zum Wilden«. Aber zuerst muss noch der Fluss Virlange überquert werden. Weit und breit sehe ich keine Brücke, nur flache Trittsteine helfen, trockenen Fußes ans andere Ufer zu gelangen. Choco wird nicht von Stein zu Stein springen können, das ist mir schnell klar. Es gibt aber eine Furt, nicht tief, jedoch 20 Meter breit, schätze ich.

»Choco, das schaffst du leicht!«, spreche ich ihm Mut zu – und mir auch.

Er probiert es erst gar nicht. Nicht einen Huf setzt er ins Wasser. Bockbeinig steht er am Ufer und starrt auf das vom Wind gekräuselte, dunkle Gewässer und wendet dann seinen Kopf entschieden ab. Ganz klar, ein vernünftiger Esel geht da nicht durch. Und Choco ist vernünftig. Er kann ja nicht erkennen, wie tief das Wasser ist.

Ich zeige ihm, dass es ungefährlich ist, wate vor ihm durch die Furt hin und her, erfolglos. Er schaut nicht einmal zu, widmet sich derweil lieber dem saftigen Gras. Ich locke ihn mit einem Baguette, dem er sonst nicht widerstehen kann. Doch die Angst vor dem trügerischen Wasser ist größer als der Appetit auf die Leckerei. Inzwischen hat sich am gegenüberliegenden Ufer eine Gruppe von Wanderern versammelt, die amüsiert unsere Vorstellung verfolgt.

Ich studiere die Karte. Was soll ich tun? Die Domaine du Sauvage liegt nun einmal auf der anderen Seite des Flusses und wir müssen ihn, wo auch immer, überqueren. Es gibt nur einen Ausweg: den ganzen Weg zurück bis Chanaleilles, dort über die Brücke und auf einer Landstraße erneut in Richtung Sauvage. Auf keinen Fall ist das heute noch zu schaffen. Also noch ein letzter Versuch.

»Wir müssen da durch, Choco! Probier es wenigstens!«

Mein heftiges Drängen bestärkt seinen Argwohn, dass in dem moordunklen Wasser etwas Unheimliches lauert. Eigentlich ist mir ein Esel mit Eigensinn lieber als einer, der stumpfsinnig dahintrottet. Jetzt aber wünschte ich, er würde mir vertrauensvoll durchs Wasser folgen. Es wäre so einfach und das Ziel so nah.

Schon längst habe ich ihm das Gepäck abgenommen, weil ich hoffte, ohne Last würde er sich eher trauen. Schließlich spiele ich meinen letzten Joker aus und versuche es mit der Taktik der Überrumpelung. Ich lasse ihn eine Weile in Ruhe und springe dann schreiend auf ihn zu. Erschrocken galoppiert er los. Ich packe ihn am Halfter, nutze den Schwung und reiße ihn hinein in die Furt. Schon spritzt das Wasser bis an seinen Bauch. Da begreift er und blockt ab. Sein Nacken versteift sich. Wenn ihm jetzt jemand einen Klaps auf den Hintern gäbe – dann könnte es gelingen. Da sitzt ringsum ein Dutzend Leute beim Picknick, doch obwohl ich mich schon so lange plage, hilft mir niemand. Zuerst haben sie gelacht und Fotos gemacht, dann sich gelangweilt abgewendet.

In meiner Verzweiflung muss ich meine Gedanken laut ausgesprochen haben. Ein Wanderer, der nur ein paar Meter entfernt auf einem Stein hockt, fühlt sich herausgefordert. Auf Deutsch mit holländischem Akzent ruft er mir zu: »Ich bin hier im Urlaub und denke nicht daran, für Sie den Esel zu spielen.«

Ich kann mir nicht erklären, warum der Mann so feindselig reagiert. Wortlos wende ich mich ab, gehe mit Chocolat zu einer nahen

Wiese am Waldrand. Hier werden wir übernachten, beschließe ich. Morgen früh probiere ich es noch einmal. Wenn mein Esel sich dann immer noch fürchtet, gehen wir eben zurück.

Am Lagerplatz entdecke ich einen prächtigen Steinpilz; er hat einen samtigen Hut, festes Fleisch und, was selten ist, keine Maden. Ich freue mich über die schmackhafte Belohnung und denke, dass der Jakobsweg wie ein Lehrpfad fürs Leben ist. Vielleicht sollte ich heute begreifen lernen, dass man sich nicht darauf versteifen sollte, ein Ziel um jeden Preis zu erreichen.

In der Stille höre ich von fern das Rauschen des Flusses. Der blaue Himmel schimmert durch die dunkelgrünen Kiefern. Die Luft ist klar und frisch. Chocolat ist satt, hat sich mit Vergnügen gewälzt und ruht jetzt in der Wiese neben mir wie ein Riesen-Osterhase. Seine langen Ohren spielen unaufhörlich nach allen Seiten, fangen von überall Töne ein, sensible Schalltrichter, denen nicht das geringste Geräusch entgeht. Auf einmal dreht er beide Ohren in eine Richtung, lauscht konzentriert. Sein Körper spannt sich wie eine Stahlfeder, er springt auf, den Kopf nach vorn gestreckt, die Ohren vorgeklappt. Was er vernimmt, scheint ihm Angst zu machen. Schnell läuft er auf mich zu. Ich lege meine Arme um seinen Hals, eng aneinander gepresst warten wir atemlos, was da auf uns zukommt.

Ich sehe sie, bevor ich sie höre, denn sie nähern sich leise. Es sind Kühe! Die Leitkuh voraus, ein Tier mit haselnussbraunem Fell und spitzen, schwungvoll gebogenen Hörnern. Kein Zweig knackt unter ihren Klauen. Elefanten bewegen sich so, kommt es mir in den Sinn. Prüfend zieht die Anführerin die Luft durch ihre breiten Nasenlöcher. Ihrer Kraft bewusst, kommt sie immer näher und hinter ihr drängt die Herde nach: Mutterkühe mit ihren Kälbern. Das sind keine degenerierten Fleischlieferanten, sondern Tiere, die sich einen Teil ihrer Wildheit bewahrt haben. So mögen schon die Urrinder durch die Wälder gezogen sein, bevor sie von Menschen gezähmt und zu Haustieren gemacht wurden.

Ich bin mir nicht sicher, ob ich die Leitkuh von ihrem Vorhaben abbringen kann, ihre Herde an unserem Lager vorbei zur Tränke an den Fluss zu führen. Aber wenn es mir nicht gelingt, die Rindviecher zu stoppen, werden sie meinen Esel erschrecken, ihm das Futter wegfressen und überall ihre Fladen hinterlassen. Wir oder sie! Ich darf mich nicht länger besinnen, ergreife den Pilgerstock, schlage wild gegen die Bäume, schreie laut und stelle mich der Leitkuh entgegen. Kann ich sie zur Umkehr bewegen, dann wird ihr auch die Herde folgen.

Ich sehe, sie hat keine Angst vor mir. Sie weiß, dass sie mich leicht über den Haufen rennen oder mich mit ihren Hörnern aufspießen könnte. Aber sie hat Erfahrungen mit Menschen, entschließt sich klug zum Rückzug und führt die Herde etwas flussabwärts zur Tränke.

Choco zittert – zu frisch ist die Erinnerung an gestern, als er vor Schreck gegen den Stacheldraht gesprungen war. Wieso nur hat er Angst vor Kühen? Weiß er nicht, dass sie meist harmlos sind? Dennoch fühle ich mich mutig wie eine Löwenmutter, die ihr Baby siegreich gegen eine gefährliche Büffelherde verteidigt hat.

Abendmahl

Vom Fluss Virlange zur Domaine du Sauvage, 7 km

Zelt, Überdach, Sattel und Satteldecke, alles trieft vom Tau, als hätte es geregnet. Außerdem ist es unangenehm kalt. Vier Grad Celsius und 95 Prozent Luftfeuchtigkeit zeigt mein kleines Messinstrument.

Aus dem Nebel tauchen die Kühe wieder auf. Im Morgengrauen haben sie sich fast geräuschlos angeschlichen. Die kluge Leitkuh ist nicht dabei. Diesmal sind es Mutterkühe samt ihren Kälbern, die wie gewohnt auf ihre Weide wollen. Die schweren Körper dampfen in der feuchten Luft. Sie sind so nah, dass ich ihren Atem riechen kann, der aufdringlich meine Nase kitzelt. Sie senken ihre Hörner und ich befürchte, dass sie mich angreifen werden. In meiner Angst wende ich die schon mehrfach erprobte Urschrei-Taktik an. Eine Weile nur lassen sie sich von meiner filmreifen Vorstellung in Schach halten, dann drängen sie wieder vor. Wenn sie plötzlich losstürmen und mich umstoßen, habe ich keine Chance, mich zu verteidigen. Fast fluchtartig verlasse ich mit Choco den Lagerplatz, denn die Kräfte sind zu ungleich verteilt. Hinter uns brechen die Kühe aus dem Wald und nehmen ihre angestammte Weide in Besitz.

Wir kommen wieder zu der Stelle, wo Choco gestern nicht durch den Fluss gehen wollte. Mit seiner Körpersprache gibt er mir zu verstehen, dass ein erneuter Versuch zwecklos ist. Also gehen wir zurück bis zur Brücke von Chanaleilles, wo wir endlich den Virlange überqueren können. Eine asphaltierte Straße führt das Tal aufwärts bis zu einer Höhe von 1270 Meter, dann fällt sie sanft wieder ab.

Diesmal ist das Glück auf meiner Seite, denn an diesem Morgen sind kaum Fahrzeuge unterwegs. Der Nebel hat sich längst aufgelöst und das frühlingsfrische Laub der Buchenwälder leuchtet im Sonnenlicht. Üppige Wiesen sind gesprenkelt mit braunen Kühen. Am Straßenrand blühen roter Fingerhut und blaue Stiefmütterchen. Was für ein Genuss, durch diese farbensatte Landschaft zu wandern; am liebsten würde ich singen. Sobald ich aber eine Strophe anstimme, bleibt Choco erschrocken stehen. Man hat mir schon immer gesagt, ich könne nicht singen, aber dass es so schlimm ist, habe ich nicht geahnt. Seine hochempfindlichen Eselohren scheinen bei meinem Gesang derart zu schmerzen, dass er sich weigert, auch nur einen einzigen Schritt weiterzugehen.

Endlich sehe ich unten im Talkessel das ersehnte Ziel, das Gut »Domaine du Sauvage«, ein imposantes Anwesen aus grauem Granitgestein und schieferdunklen Dächern mit Scheunen, Ställen, Lagerhäusern und Fischteichen.

Für heute haben wir es geschafft, freue ich mich. Im Eilschritt marschieren wir auf die Herberge zu. Choco ist besonders gut in Form, kaum kann ich mit ihm Schritt halten. Noch ein letzter sanfter Anstieg, dann sind wir da. Bevor wir aber aus der bewaldeten Senke ins freie Gelände kommen, trompetet mein Esel plötzlich kräftig aus vollen Lungen und will sich gar nicht mehr beruhigen. Er schreit fordernd und lustvoll. Seine Muskeln spannen sich, der Nacken wird steif. Sein kräftiger Körper bebt und die Nüstern sind weit geöffnet. Gerade noch gelingt es mir, sein Halfter fest zu packen und ihn am Davongaloppieren zu hindern. »Choco! Halt! *Arrête!* Was ist denn los? Warten draußen auf der Wiese etwa feurige Stuten auf dich?«, frage ich im Scherz und ahne nicht, wie Recht ich habe.

Da tauchen sie auch schon auf! Eine ganze Herde rassiger Stuten stürmt hell wiehernd auf uns zu. Der Trommelwirbel ihrer Hufe ist mitreißend und für Choco gibt es kein Halten mehr. Ich aber starre angstvoll auf den Stacheldraht und weiß, ich darf nicht loslassen, klammere mich ans Halfter und werde mitgerissen. Choco galoppiert mit 30 Kilo Gepäck auf dem Rücken und schleift mich mehr als 100 Meter mit sich. Er schnaubt, ich keuche. Als sei er vom Teufel geritten, prescht er auf dem Schotterweg vorwärts. Neben uns auf der Wiese, hinter dem Stacheldraht, galoppieren und wiehern die Pferde. Es ist höllisch!

Nicht loslassen! Nur nicht loslassen, hämmert es in meinem Kopf. Mit letzter Kraft drücke ich meinen Esel gegen eine Kiesaufschüttung am Wegrand und kann seine Raserei endlich bändigen, eigentlich ein Wunder mit meinen 50 Kilo gegen seine fünf Zentner Körpermasse.

Georges hatte mir beim Abschied so nebenbei gesagt: »*Il aime les cheveaux* – er liebt Pferde.« Bei dieser Bemerkung hatte ich mir nichts weiter gedacht, wusste ich doch, dass Esel im Allgemeinen Pferde mögen und man sie deshalb gemeinsam auf einer Weide halten kann. Erst unterwegs begriff ich, was Georges wirklich gemeint hatte. Chocolat mag Pferde nicht nur, er liebt sie regelrecht – will sich mit ihnen paaren und hat wahrscheinlich schon zahlreiche Maultiere gezeugt. Ich ahne, was mir bevorstehen wird, denn viele Stuten werden noch unseren Weg kreuzen und ihr Geruch und ihr aufreizendes Gebaren werden meinen Esel immer wieder von Neuem in Ekstase versetzen.

Erschöpft und verschwitzt erreiche ich den Gutshof. Dort ist unser Eselsgalopp nicht unbemerkt geblieben. Monsieur Chausse, der Wirt, begrüßt mich lächelnd und belehrt mich sogleich, was in einem solchen Fall zu tun sei: »Das Führungsseil müssen Sie mehrmals fest um Maul und Nase Ihres Esels schlingen und das Ende durch den Ring hier am Halfter stramm ziehen, dann kommt Ihnen der kleine Satan nicht mehr aus. Und wenn das nicht reicht, greifen

Sie ihm mit zwei Fingern in die Nasenlöcher hinein und drücken diese zu. Dann bekommt er weniger Luft und wird zahm wie ein Lämmchen. Sie werden es beim nächsten Mal schon sehen!«

Der Ratschlag von Monsieur Chausse leuchtet mir sofort ein. Darauf hätte ich selbst kommen können, aber Choco hatte mir keine Zeit zum Nachdenken gelassen. Ich habe mir auch nicht vorstellen können, dass ein Esel zu einem derart gefährlichen Temperamentsausbruch fähig sein würde.

Beim Blick in ihr Anmeldebuch macht die Herbergsmutter ein besorgtes Gesicht. Meine Reservation galt für gestern, aber als sie Choco sieht, lässt sie sich erweichen. Ich bekomme ein Bett und mein Esel einen schattigen Platz auf der Wiese bei den Forellenteichen.

Die Schlafräume in dem alten Gemäuer sind dunkel und muffig. Durch einen Fensterschacht fällt auch tagsüber kaum Licht. Der Essensraum, der in der Mitte von einer mächtigen Granitstele gestützt wird, ist mit Holztischen und Bänken rustikal eingerichtet, außerdem gibt es einen gemauerten Kamin, einen Herd und eine Spüle. Oben ist auf halber Höhe ein Querboden für ein Gemeinschaftslager eingezogen. Dort hat schon eine schwäbische Pilgergruppe aus Eislingen ihr Quartier belegt.

Die sieben jungen Leute haben beste Laune. Mit ihrem Leiter, Pfarrer Stephan, komme ich schnell ins Gespräch. Obwohl zahlreiche Menschen auf der *via podiensis* unterwegs sind, habe ich seit dem Holländer Adriaen, der mir die Geschichte vom Rotkehlchen in der Kirche erzählte, hier erst meine zweite intensive Begegnung mit echten Pilgern.

Stephan, wie er von allen mit Vornamen gerufen wird, ist den Jakobsweg von Deutschland bis Spanien bereits dreimal zu Fuß gegangen und will seine neue Gruppe diesmal bis Conques führen. Domaine du Sauvage ist für ihn ein ganz besonderer Ort, erzählt er mir, weil er hier vor Jahren seine Weihe erhielt.

Wir tauschen Erfahrungen aus. Die Eislinger Pilger haben die 65 Kilometer von Le Puy in drei Tagen zurückgelegt, während ich mit Choco sieben Tage gebraucht habe. Zuerst bin ich enttäuscht, wie langsam wir im Vergleich sind, doch dann wird mir klar, dass Choco mir ein kostbares Geschenk macht – die Langsamkeit. Er zwingt mich zur Muße, so dass ich die Umwelt mit allen Sinnen noch besser wahrnehmen kann.

Am Abend feiern die Eislinger auf der Wiese vor der Herberge die heilige Messe und wie selbstverständlich werde ich dazu eingeladen. Theoretisch weiß ich ungefähr, wie eine Messe abläuft, tatsächlich erlebt habe ich noch keine, deshalb bin ich leicht befangen.

Pfarrer Stephan, mit T-Shirt und in kurzen Hosen, sitzt mit überkreuzten Beinen vor uns im Gras, wir anderen hocken aufgereiht auf einer sonnenwarmen Mauer. Eine Teilnehmerin liest aus dem Johannes-Evangelium, dann spricht Stephan mit einfachen, eindringlichen Worten über den Jakobsweg. Jeder müsse diesen Weg aus eigener Kraft gehen, aber er dürfe sicher sein, geführt und geleitet zu werden. Stephan resümiert den vergangenen Tag, erinnert an hilfsbereite Menschen, denen man nicht zufällig begegnet sei. Als Instrument Gottes seien sie eben zur rechten Zeit erschienen, was einmal mehr beweise, dass wir uns in Gottes Hand befänden.

In einer Schweigeminute gedenken wir der Menschen, die wir verloren haben und die uns doch immer nahe stehen werden. Es wird gesungen und gebetet.

Ich betrachte die ernsten, gesammelten Gesichter neben mir, bin beeindruckt von ihrem Glauben, der keinen Zweifel zulässt. Mauersegler zickzacken kreuz und quer über uns am Himmel, der so transparent wirkt, als könnte man ins Unendliche sehen. Blitzschnell schießen die Vögel auf der Jagd nach Insekten durch die Luft. Mit ihrem aufgeregten Gekreische könnten sie gefangene Seelen sein, die fieberhaft nach einem Ausweg suchen. Unser Gesang mischt sich mit ihren hellen, spitzen Rufen.

Warm beleuchtet von der untergehenden Sonne, erlebe ich ein heiliges Ritual und fühle mich wie herausgefallen aus der Zeit. Unabhängig welche Götter sie verehrten, fühle ich mich mit Generationen von Menschen verbunden. Ob Sonnengottheit oder Gott der Christen, alles scheint eins zu sein in diesem Moment.

Letzte Strahlen blitzen, dann ist die Sonne verschwunden. Kühle Dämmerung senkt sich über das Land. Stephan bereitet sich jetzt auf das Abendmahl vor. Behutsam nimmt er Brot in die Hände, segnet es, spricht die heiligen Worte der Wandlung und verteilt das Brot – den Leib Christi. Wir stehen im Kreis, halten uns an den Händen, und der Kelch mit Wein, gewandelt in das Blut Gottes, wird von einem zum anderen gereicht. Durch Segnung, Wandlung und Austeilung der Gaben soll Gott in der Gemeinde der Menschen gegenwärtig werden.

Fällt nur mir auf, wie barbarisch dieser Akt ist? Schließlich verzehren wir doch Fleisch und Blut eines zum Menschen gewordenen Gottes. Fast fühle ich mich in frühe Urzeiten versetzt, als Menschenopfer die mächtigen Dämonen besänftigen und Kannibalismus das Überleben des Stammes sichern sollte. Gewiss, es ist nicht wirklich Blut, das wir trinken, und die Handlung ist rein symbolisch. Aber die Vorstellung allein erzeugt bei mir eine Gänsehaut, denn trotz seiner sublimierten Form ist im Hintergrund das blutige Opfer heidnischer Kulte noch wahrnehmbar.

Wahrscheinlich hätte mich die Eucharistie in einer Kirche niemals so stark ergriffen, viel intensiver wirkt sie hier im Freien im Kreis dieser jungen Gläubigen. Was für ein starkes Symbol, denjenigen sinnbildlich zu verspeisen, von dem man glaubt, er habe die Welt geschaffen, und sich gewissermaßen mit dem Blut und Fleisch dieses Gottes zugleich die Welt einzuverleiben! Nur so wird alles eins und alle Grenzen lösen sich auf. Bei diesem Gedanken ist mir, als wäre ich den Wurzeln der Religion sehr nahe gekommen.

Zum Abschluss singen wir ein Kirchenlied und ich blicke unwillkürlich hinauf zum Dach der Herberge. Ein weißer Täuberich balzt lebhaft um eine schwarze Taube. Der weiße Vogel fliegt auf den Rücken der Partnerin, flattert mit den Flügeln. In diesem Moment entsteht Leben – die sich immer wiederholende Schöpfung.

Verrückt nach Pferden

Von der Domaine du Sauvage nach Saint-Alban, 14 km

In froher Stimmung verlasse ich den Gutshof »Domaine du Sauvage«. Ist es nicht seltsam? Warum freue ich mich, von dort wegzugehen, wo ich mich doch so wohl gefühlt habe? Weil ich reich beschenkt wurde und diese Geschenke am besten bewahren kann, indem ich sie in mir forttrage.

Wir pilgern durch die Weiten eines Wiesengrundes mit lichtgrünen Bäumen, duftendem Ginster und grauen Steinmauern, eine friedvolle Landschaft – wenn da nicht immer wieder Pferdekoppeln wären. Chocos Körper vibriert dann vor Energie. Wird er gar zu wild, stecke ich ihm die Finger in die Nase. Mit diesem Trick behalte ich zwar die Kontrolle über meinen Begleiter, aber das fortwährende Achtgeben macht mich nervös. Ständig muss ich auf der Hut sein, die Pferde lange vor ihm wahrzunehmen.

Wir erreichen die Rochus-Kapelle auf der Passhöhe Col de l'Hospitalet. Der Name erinnert an ein Pilgerhospiz aus dem 12. Jahrhundert, zu dem auch eine Jakobskirche und ein mittelalterlicher Friedhof gehörten. Gäbe es nicht alte Pilgerberichte, wüssten wir nichts von dieser Anlage, denn kein einziger Stein blieb erhalten. In den Schriften des Mittelalters ist auch von einer wundersamen Quelle die Rede. Sie sprudelt noch heute und ihre heilende Wirkung lässt Augenleidende von weit her anreisen. Dem Ginster scheint die Umgebung von Kapelle und Quelle auch bestens zu bekommen. Angezogen vom Duft und den leuchtenden Farben umschwirren dichte Wolken von Insekten die Blüten. Sie suchen Nektar und bestäuben dabei die Pflanzen.

Wie konnte dieses Beziehungsgeflecht entstehen? Für beide, für Pflanze und Tier, ist es von Nutzen, aber wie hat alles angefangen? Wie wusste der Ginster, was Bienen schmeckt? Ich würde gern verstehen, wer oder was sie so hat werden lassen, wie sie sind. Wie konnte sich dieses schöpferische Leben auf der Erde entwickeln? Dem Ursprung auf die Spur zu kommen, das Geheimnis des Lebens zu ergründen – was für eine faszinierende und verführerische Herausforderung. Gerade weil ich mich durch meinen Beruf als Biologin mit Evolutions- und Soziobiologie beschäftigt habe, ist mir klar, dass unser Wissen über Entstehung und Entwicklung des Lebens nur Modelle sein können. Es sind Entwürfe, die zwar die Wirklichkeit ziemlich gut abbilden, ihr aber niemals ganz entsprechen werden. Je mehr wir wissen und erkennen, um so mehr Fragen tauchen auf.

Wissenschaft scheint mir ein Hilfsmittel, ein brauchbares Paar Krücken zu sein, mit denen man sich einigermaßen zuverlässig fortbewegen kann. Ohne sie gäbe es keinen Fortschritt mit all seinen Vor- und Nachteilen. Denkbar ist jedenfalls, dass sich die Menschheit durch ihr übergroßes Wissen und Können eines Tages selbst auslöschen wird.

Es ist Mittag und Zeit für Choco, zu weiden. Auch ich bin froh über eine Rast unter schattigen Bäumen. Ich öffne meine Feldflasche und trinke andächtig Schluck für Schluck des kühlen Wassers aus der Wunderquelle der Rochus-Kapelle.

Im Südwesten reihen sich Hügel und Berge dicht hintereinander. Mit der Entfernung wechseln die Farbtöne von Hellgrün bis Dunkelblau, um sich endlich in den Farben des Himmels aufzulösen. Da ist sie wieder, meine Sehnsucht nach der Ferne ...

Plötzlich Hufschlag auf trockener Erde. Erschrocken drehe ich mich um. Direkt auf uns zu kommen zwei Reiter. Ich stürze zu

Choco und binde ihn mit dem Führungsseil an einen starken Ast. Da sind die Reiter auch schon heran, ein Mann und eine Frau, die mit Pferden auf dem Jakobsweg pilgern. Sie grüßen freundlich und würden gern ein paar Worte mit mir wechseln, aber mein Esel gebärdet sich wieder einmal wie wahnsinnig, steigt tänzelnd mit den Vorderbeinen hoch, wirft sich mit aller Kraft gegen das Seil, und seine I-ah-Schreie lassen die Luft erzittern. Oben im Sattel amüsieren sich die Reiter über das verrückte Verhalten des kleinen Schwarzen, der ihren hochbeinigen Rössern kaum über den Steigbügel reicht. Ich erkläre, mein Esel wolle sich mit ihren Pferden paaren. Lachend reiten sie weiter und schon beruhigt sich Choco wieder.

Vom bewaldeten Höhenzug geht es hinunter nach Le Rouget. Der Ort ist nach dem roten Sandstein benannt, der hier überall vorkommt. Und tatsächlich, alle Häuser, Mauern und Kreuze dieser Gegend sind aus diesem Material gebaut.

Am Ortsrand von Saint-Alban folge ich etwas verwundert der Wegmarkierung mitten durch die Anlage einer psychiatrischen Klinik, wo gerade die Straße repariert wird. Ein Caterpillar kommt uns bedrohlich entgegen und verursacht einen Höllenlärm. Asphalt köchelt in rußigen Kesseln und giftige Dämpfe entweichen. Eine Planierraupe dröhnt und Lastwagen kurven herum. Über geöffnete Heckklappen prasselt Kies auf den Boden.

Choco ficht das alles nicht an. In stoischer Ruhe geht er neben mir her. Wie er das nur aushält mit seinen sensiblen Ohren? Mich dagegen stören Lärm und Gestank. Mit Winken und Rufen mache ich die Bauarbeiter auf uns aufmerksam und flunkere, mein Esel würde sich fürchten. Sie lächeln verständnisvoll und stoppen ihre Maschinen, damit wir gefahrlos vorbeiziehen können.

Mein heutiges Etappenziel, Saint Alban, liegt in einem Talkessel. Auf der verkehrsreichen Hauptstraße gelangen wir in die Stadt. Zwischen fahrenden und parkenden Autos kämpfe ich mich mit

Choco durchs Gewühl. In einem Straßencafé sitzen die Pilger, die zuvor an uns vorbeigeritten sind. Als Choco die beiden Pferde entdeckt, brennen sofort wieder seine Sicherungen durch und er bäumt sich auf. Nur mit Mühe kann ich das Führungsseil um sein Maul schlingen und ihm meine Finger in die Nüstern stecken. Vor und hinter uns stauen sich die Autos und ich bin froh, dass wenigstens keiner hupt. Ich ziehe Choco in eine stille Gasse und binde ihn an einem Baum fest. »Ruh dich im Schatten aus. Ich suche für uns ein Quartier und bin bald wieder zurück«, verspreche ich ihm.

Die Wanderherberge in Saint-Alban ist nicht nur ausgebucht, sie hat auch keine Weide für meinen Esel. Fehlanzeige ebenfalls in den Hotels und Pensionen. Jedoch was soll's? Das Wetter droht nicht mit Regen, da können wir unbeschwert im Freien übernachten. Zuvor will ich aber in Saint-Alban die Kirche besichtigen.

Sie ist dem heiligen Alban geweiht, dem ersten Märtyrer Englands. Im Jahr 303 wurde er bei Verulam, in der Nähe Londons, hingerichtet und bald verbreiteten sich Wunderberichte über sein Sterben. Auch in Frankreich hörte man davon und im Jahr 428 pilgerten französische Bischöfe zu seinem Grab.

Mich überrascht die Farbigkeit der Kirche. Die Mauern bestehen aus gelben, rosafarbenen und blutroten Sandsteinen. Scheinbar willkürlich, ohne ordnendes Muster aufgeschichtet, lassen die bunten Quader die Kirche seltsam gesprenkelt erscheinen. Sie bewahrt noch ganz gut den Einfluss aus romanischer Zeit, obwohl sie einige bauliche Veränderungen über sich hatte ergehen lassen müssen. Anstelle eines Turms trägt sie einen Aufsatz mit drei Arkaden, in denen Glocken hängen. Der heutige Eingang wurde erst 1830 durchbrochen und dafür das alte Portal vermauert. Mir gefällt der halbrunde Chor, außen gegliedert durch Blendbögen, die auf schlanken Säulen ruhen. An seinem Mauerwerk sind die roten Steine besonders zahlreich und setzen knallige Farbtupfer.

Im Inneren beeindruckt mich das Kirchenschiff mit seinem spitzbogigen Tonnengewölbe. Das Licht fällt durch fünf schmale Fenster mit Rundbögen in den Chorraum. Ich schaue sie mir genau an und entdecke, dass eines dieser farbigen Glasfenster den heiligen Jakob zeigt.

Mein Esel blickt mir ungeduldig entgegen. »Mein Lieber, sobald wir eine saftige Wiese finden, bleiben wir dort über Nacht«, verspreche ich. Eine Weile müssen wir am Rande einer Schnellstraße entlanglaufen, dann zweigt der Wanderweg ab und führt uns auf eine Anhöhe mit einem verwitterten Doppelkreuz. Auf der einen Seite erkenne ich den gekreuzigten Christus, auf der anderen Maria mit ihrem toten Sohn auf dem Schoß. In der Nähe des Kreuzes auf einer sonnigen Wiese mit Blick auf Saint-Alban unten im Tal, errichte ich mein Nachtlager. Den Wasserkanister hatte ich vorsorglich im Ort gefüllt, doch wir müssen nicht sparen. Bei einem Erkundungsgang entdecke ich einen Tankwagen für das Weidevieh, aus dem ich Wasser zapfen kann. Außerdem habe ich Pilze gefunden, eine erfreuliche Abwechslung meines Speiseplans.

Um neun Uhr abends ist es noch warm und die Sonne verabschiedet sich vom Tag mit einer Symphonie aus Rot- und Orangetönen und der Himmel leuchtet in zartem Grün. Erst die Nacht beendet das Farbenspiel. Tief unter mir im Tal blinken die beleuchteten Fenster von Saint-Alban zu mir herauf und verkünden Geborgenheit. Ich aber möchte nicht tauschen und fühle mich privilegiert, die Nacht im Freien unter einem grandiosen Sternenhimmel verbringen zu dürfen.

»Gut, dass sie keinen Platz für uns hatten«, sage ich zu meinem Esel und bin glücklich, ihn in meiner Nähe zu haben.

Das Schlammbad

Pünktlich um sechs Uhr weckt mich eine Singdrossel mit leidenschaftlichem Gesang. Im Tal von Saint-Alban staut sich der Nebel, während bei uns auf der Anhöhe die Luft klar und trocken ist. Die Sonne steigt über den Horizont und wirft ihre Strahlen über das Land. Ein heißer Tag beginnt, wolkenlos blaut der Himmel und der Ginster duftet noch betörender als die Tage zuvor. Rotkehlchen singen in den Wipfeln und ein Kaninchen hoppelt furchtlos über den Weg.

Beim Ort Les Estrets überqueren wir auf einer Brücke den Fluss Truyère, der das Bergland der Margeride im Südwesten begrenzt, und steigen wieder auf einen Höhenrücken hinauf. Hier betreten wir eine andere Region des Massif Central – die Vulkanberge des Aubrac.

In einer feuchten Senke passiert es – das jeden Tag fällige Unheil. Der Weg ist in der Mitte schlammig aufgeweicht. Fußabdrücke führen seitwärts auf schmalem Steg am unvermeidlichen Stacheldraht entlang. Dorthin kann ich mit meinem Esel nicht ausweichen – das Gepäck würde zerfetzt werden. Mit äußerster Vorsicht will ich ihn zwischen Stacheldraht und Schlamm hindurchführen, doch mit seinem Ungestüm macht er meine gute Absicht zunichte. Da ihm mein Schieben und Drücken lästig ist, stakst er trotzig mitten hinein in den Sumpf. Sekundenschnell versinkt er in einem Loch. Unaufhaltsam taucht er immer tiefer ein. Schon steckt er bis zum Bauch im Schlick.

Vor Schreck bin ich wie gelähmt. Bevor ich einen klaren Gedanken fassen kann, hilft Choco sich selbst. Er sammelt seine Kräfte und schnellt sich mit ein, zwei, drei Sprüngen aus dem Sumpfloch heraus. Von den Hufen bis zu den Ohren mit Schlamm bedeckt, macht er einen erbarmungswürdigen Eindruck, doch ihn scheint dies nicht zu bekümmern. In seinen Augen sehe ich keinen Schimmer von Angst.

Wir sind gut vorangekommen und erreichen schon mittags unser heutiges Etappenziel Aumont-Aubrac. Ich bin in der Herberge angemeldet und freue mich auf eine warme Dusche und die Möglichkeit, meine verschwitzten Kleider zu waschen. Außerdem will ich Lebensmittel einkaufen und mir Zeit nehmen, die Sehenswürdigkeiten der Stadt zu erkunden.

Chocolat wird für seinen heroischen Sprung aus dem Schlammloch mit einem verwilderten Garten belohnt. Doch ausgerechnet in diesem Augenblick erscheint ein Arbeiter, der die Wiese mähen will. Nur mit Mühe gelingt es mir, ihn zu überreden, sein Vorhaben aufzugeben und sich seine Arbeit von dem Esel abnehmen zu lassen.

Aumont-Aubrac lag ursprünglich am Kreuzungspunkt ehemaliger gallorömischer Handelswege, die aber dem heutigen Straßenbau zum Opfer gefallen sind. Wie immer ist die Kirche mein erstes Ziel. In den Nischen der Granitmauern stehen verwitterte Wegkreuze, die im Mittelalter den Pilgerweg markierten. So entdecke ich zum Beweis an der Westfassade eine steinerne Jakobsmuschel.

Als ich, mit Lebensmitteln beladen, wieder in der Herberge ankomme, hat Choco wahrlich fleißig gearbeitet und die Pflanzenwildnis stark gelichtet. Ich überlege noch, ob es nach dem vielen saftigen Grün jetzt nicht angebracht wäre, seinen Speiseplan zu ändern, da kommen schon freundliche Leute vom Nachbargarten und werfen ihm duftendes Heu über den Zaun.

Die restlichen Plätze im Mehrbettzimmer sind inzwischen alle belegt, unter anderem von Lucia, einer Pilgerin aus der Schweiz.

»Ist das etwa dein Esel?«, fragt sie mich angriffslustig. Kaum habe ich es bestätigt, überfällt sie mich mit Vorwürfen: »Das ist Tierquälerei! Schlepp doch dein Gepäck selber! Warum dieses arme Tier damit schinden?«

»Du irrst, Chocolat ist nicht zu schwer beladen!«

»Quatsch! Wie willst du das denn wissen? Nimm doch deine Sachen selber auf den Rücken, so wie wir alle! Überhaupt finde ich es gemein, den armen Esel auf den Pilgerweg zu zwingen, er kann sich nicht einmal wehren!«

»Ich verstehe nicht, was du mir vorwirfst, Lucia?«

Meine Frage erregt sie erst recht. »So? Du verstehst das nicht? Du missbrauchst das Tier für deine Zwecke und zu deinem Vergnügen. Du bist in der Lage, freiwillig zu entscheiden, ob du die Strapazen der Pilgerwanderung auf dich nehmen willst, der Esel kann es nicht! Er ist dir ausgeliefert auf Gedeih und Verderb und muss sich mit deinem Gepäck abschinden, das ist – ich sage es wieder – Tierquälerei!« Mit diesen Worten bricht sie den Disput ab und lässt mich einfach stehen.

Sie hat nicht ganz Unrecht, denn eine uneigennützige Tierliebe gibt es nicht. Haustiere werden nur deshalb gezüchtet, weil sie uns dienlich sind, ob nun als Nahrungslieferant oder als Seelentröster. Entscheidend aber ist, denke ich, wie wir diese Tiere, die uns ausgeliefert sind, behandeln. Um Chocolat sorge ich mich, so gut ich kann, und bemühe mich, ihm kein Leid zuzufügen. Rastplätze wähle ich danach aus, ob es schmackhafte Gräser und Kräuter für ihn gibt, ich lasse ihn jeden Abend ausgiebig trinken, bürste sein Fell, pflege seine Hufe und streichle ihn, so oft er es will. Und er belohnt mich dafür mit seiner Arbeit und seiner Anhänglichkeit. Darf ich aber die Gefahren vergessen, in die ich ihn geführt habe? Es stimmt – auf seiner Heimatweide würde er ungefährdeter leben als bei unserer abenteuerlichen Wanderung. Könnte er aber wählen, wofür würde er sich dann entscheiden? Ich bilde mir ein, dass Chocolat unsere Pilgerreise genießt. Seine Sinne sind hellwach, die Augen blicken klar, die Ohren fangen ungewöhnliche Geräusche ein und in seine Nüstern dringt oft der betörende Duft von Pferden. Ungeduldig drängt er mich jeden Morgen zum Aufbruch und ich vermute, er hat das frühere, ereignisarme Dasein nicht ungern gegen ein spannendes, wenn auch riskantes Wanderleben eingetauscht.

Aber fragen, ob er mich begleiten will – da hat Lucia Recht –, konnte ich Chocolat nicht.

Lucia sitzt im Garten und schreibt in ihr Tagebuch. Ich möchte gern noch einmal mit ihr über dieses Thema sprechen, sie aber entgegnet: »Ach, vergiss es! Ich habe gesagt, was ich denke, mehr will ich darüber nicht reden.«

So bleibe ich allein mit meinen Gedanken und grüble weiter. Mir fällt die Fabel von dem Mann und seinem Sohn ein, die mit einem Esel zum Markt ziehen. Wie es der Mann auch anstellt, ob sie nun gleichzeitig auf dem Esel sitzen oder er allein reitet und seinen Sohn nebenher laufen lässt, ob er seinen Sohn in den Sattel setzt und er zu Fuß geht oder gar beide neben dem Esel herlaufen, immer haben die Leute etwas zu bemängeln. Schließlich weiß der Mann sich keinen anderen Rat mehr, als sich den Esel auf die eigenen Schultern zu laden. Da kritisiert ihn keiner mehr – alle greifen sich nur noch entsetzt an den Kopf.

Kein Lagerplatz für Vagabunden

Von Aumont-Aubrac nach Finieyrols, 15 km

Im frühen 12. Jahrhundert verließ Graf Adalard seine flandrische Heimat und machte sich auf den weiten Weg zum Grab des Apostels in Santiago de Compostela. Heimkehrende Pilger hatten immer wieder Schauergeschichten erzählt von Überfällen und Morden entlang des Weges. Besonders schlimm aber sei es im dunklen, tiefen Wald des Aubrac mit seinen berüchtigten Räuberbanden.

Graf Adalard hatte sich deshalb einer größeren Gruppe von Pilgern angeschlossen, um die gefährliche Wegstrecke im Schutz der Gemeinschaft zu bewältigen. Aber die Pilger wurden von einem Unwetter heimgesucht und Adalard verlor den Anschluss an seine Begleiter. Entkräftet und vor Kälte zitternd fand er eine Höhle im Wald und kroch hinein. Am nächsten Morgen, als Tageslicht in die Höhle fiel, durchfuhr ihn das Grauen. Aufgereiht an den Wänden lagen die abgeschlagenen Köpfe von Pilgern. Ausgerechnet in einer Räuberhöhle hatte er Zuflucht gesucht. Sollte er mit heiler Haut davonkommen, gelobte Adalard, würde er eine Schutzstation für Jakobspilger gründen, ein Herbergs- und Wehrkloster. Unversehrt in seine flandrische Heimat zurückgekehrt, vergaß er bald sein Gelübde. Dann aber wurde er im Traum von grausigen Visionen heimgesucht und beeilte sich, das versprochene Kloster bauen zu lassen.

Die Berge des Aubrac bestehen aus Basaltgestein und ruhen auf einem Sockel granitischen Urgesteins. 1300 Meter hoch steigen sie an und erstrecken sich zwischen den Flüssen Truyère und Lot. Die undurchdringlichen Wälder, in denen man sich verirren konnte, sind längst gerodet und die Monotonie der Weiden wird nur von vereinzelten Baumgruppen und Hainen unterbrochen.

Ackerbau lohnt sich nicht in diesem kargen Land, dafür ist die Humusdecke viel zu dünn. Bleibt nur die Viehzucht als Haupterwerb für die Bevölkerung. Weit über die Grenzen hinaus berühmt sind die Aubrac-Kühe mit dem fuchsroten Fell und den weit ausladenden Hörnern. Im Mai werden sie auf die Bergweiden getrieben, wo sie bis Oktober bleiben und Tag und Nacht im Freien verbringen. An die schreckliche und gefährliche Gegend von einst erinnert heute nichts mehr, aber dünn besiedelt ist das Aubrac noch immer, pro Quadratkilometer leben gerade einmal neun Menschen.

Vom Ort Aumont-Aubrac folgen wir einige Kilometer der Landstraße, denn Stephan, der Eislinger Pfarrer hatte mich eindringlich vor den Feuchtwiesen hinter Aumont-Aubrac gewarnt. Die Hitze staut sich flimmernd über dem Asphalt der verkehrsreichen Straße. Wir bewegen uns am äußersten Rand und werden doch vom Luftzug vorbeidonnernder Lastwagen fast mitgerissen. Gefährlich wird es für uns vor allem, wenn sich Fahrzeuge trotz Gegenverkehrs überholen.

Mein Esel bleibt immer wieder stehen, denn im Graben wachsen Kräuter, die in der Hitze duften und seine Nase verführerisch reizen. Ein Kampf zwischen uns entbrennt: Er will fressen und ich will die Autostraße so schnell es geht hinter uns bringen.

Ich atme auf, als wir bei Lasbros endlich wieder in den Pilgerweg einbiegen. Später erreichen wir die Wegkreuzung Les quatre chemins mit der bei Pilgern beliebten Café-Bar »Chez Régine«. Hier, weitab von jeglicher Ortschaft, wirkt das Café besonders einladend und ich lasse mich mit einem *grand café au lait* verwöhnen. Entzückt von meinem Esel, schenkt ihm die freundliche Wirtin einen Beutel mit trockenem Weißbrot.

Ich lausche den Gesprächen der Pilger, die mit am Tisch sitzen. Franz, ein Österreicher mit dem Aussehen eines Gebirglers, braun gebrannt, mit wettergegerbtem Gesicht und eisgrauen, wachen Augen, erzählt: »Stellt euch vor, da bin ich doch einem Pilger begegnet, der hatte überhaupt kein Geld bei sich. Der Mensch hat nur von dem gelebt, was ihm die Leute gaben. Einmal musste er fünf Tage lang hungern. Absichtlich war er ohne Geld unterwegs, aus Prinzip, wie er mir sagte.«

»Ich habe drei Ungarn getroffen, die pilgerten auch ohne Geld. Sie nannten es franziskanisch leben, nach Franz von Assisi«, berichtet Horst, ein Rheinländer.

»Solche Leute mag ich nicht«, meldet sich Sigrid aus Stuttgart zu Wort. »Die nützen doch nur die Gutmütigkeit ihrer Mitmenschen aus.«

»Da bin ich mir nicht so sicher«, sagt Horst, »da steckt schon mehr dahinter. Seinen Stolz zu überwinden und zu betteln, dazu muss man erst einmal in der Lage sein. Wer von uns könnte sich der Hilfe anderer total ausliefern? Die ungarischen Pilger haben mir gesagt, dass sie sich als Gefäß Gottes fühlen, in das Menschen ihre Gaben füllen. Indem sie sich demütigen und erniedrigen, rufen sie das Erbarmen ihrer Mitmenschen hervor, bewegen diese zu guten Taten. Sie sind wie Werkzeuge, die Gott benützt, um Menschen auf einen guten Weg zu führen.«

»Seid ihr auch der Angie begegnet, einer Schweizerin?«, fragt Sigrid. »Ich glaube, sie ist 75 Jahre oder noch älter.«

»Was ist mit ihr?«, frage ich neugierig.

»Das ist auch so eine Geschichte, die zum Pilgerweg passt«, erzählt Sigrid. »Die Angie ist wie unter einem inneren Zwang losmarschiert, ohne Karte, ohne Sprachkenntnisse und ohne viel über den Pilgerweg zu wissen. Nur dass sie nach Westen laufen musste, da war sie sicher.«

»Und damit kommt sie durch?«, will Franz wissen.

»Nun ja, alle helfen ihr, weil sie so alt und zerbrechlich wirkt, aber sie ist zäh und sie weiß genau, was sie will.«

»Jeder sieht die Welt mit seinen Augen. Die Wahrheit findet er nur in seinem eigenen Inneren. Letztendlich ist man ganz allein für sein Tun und Handeln verantwortlich«, sagt Horst nachdenklich.

Warum jetzt nicht im Schatten vor sich hinträumen? Chocolat gibt mir jedenfalls deutlich zu verstehen, dass er lieber faul und genussvoll den Tag beschließen würde. Als sei er plötzlich uralt geworden, schleppt er sich mühsam mit steifen Beinen dahin, schlurft mit den Hufen und lässt den Kopf tief hängen. Ein Anblick zum Erbarmen. Mir wird klar, das Etappenziel Nasbinals erreichen wir heute nicht mehr. Angestrengt halte ich Ausschau nach einem Lagerplatz, doch die Landschaft ist mit Stacheldraht verbaut. Dahinter ausgedehnte Viehweiden, nirgendwo ein zugängliches Plätzchen. Meine Bemühungen, Chocolat zum Weitergehen zu bewegen, fruchten kaum. Mit letzter Kraft, scheint es, schleppt er sich ins Dorf Finieyrols.

Die Häuser aus grauem Granitgestein und mit schweren Schieferdächern machen einen verlassenen Eindruck. Nur eines mit blauen Schwertlilien im Vorgarten könnte bewohnt sein. Am Ortsende führt ein Kiesweg einladend zum letzten Haus hinauf. Es ist ein zweistöckiges Gebäude mit rostroten Fensterläden. Mit der eleganten Rundtreppe vor dem Eingang wirkt es wie ein Herrschaftssitz, doch zwischen den Fugen des Steinpflasters im Hof wuchern kniehoch Gräser und Blumen. Hier wohnt schon lange niemand mehr, denke ich. Das Anwesen und seine Umgebung wirken aber nicht verwahrlost, eher wie im Dornröschenschlaf, von einer blühenden Pflanzenwelt eingesponnen.

Auch Chocolat gefällt es hier auf Anhieb. Befreit vom Gepäck und nach dem obligatorischen Wälzen erforscht er den Weideplatz nahe dem Haus und zupft sich die saftigsten Kräuter und Gräser heraus. Der geeignete Platz für mein Zelt wäre im Hof, trocken und windgeschützt. Aber ohne Erlaubnis? Ich habe Skrupel, mich ohne Genehmigung des Besitzers hier niederzulassen. Leider lässt sich nirgends eine Menschenseele blicken, deshalb beschließe ich, zu dem Haus mit den Schwertlilien zurückzugehen, das noch am ehesten den Eindruck machte, als sei es bewohnt. Ich klopfe und tatsächlich öffnet ein junges Mädchen die Tür. Sie sei allein, sagt sie, und ihre Eltern kämen erst am Abend. Sie bestätigt mir, dass niemand in dem Haus am Ortsrand wohnt, und ich erzähle ihr von meiner Absicht, dort zu zelten. »Gehen Sie besser weiter«, empfiehlt sie mir. »Das würde ich gerne tun«, entgegne ich, »doch mein Esel weigert sich und ich kann keinen anderen Platz für ein Nachtlager finden.« Ich bitte sie, ihren Eltern auszurichten, dass ich eine Pilgerin sei, ganz bestimmt nichts Unrechtes tue und auch keinen Abfall hinterlassen werde. Sie nickt und wir verabschieden uns.

Stunden vergehen, ab und zu bellt ein Hund, sonst ist kein Laut aus dem Dorf zu hören. Ein Hausrotschwanz zwitschert sein einfaches Lied vom Dachfirst und gelbe Schmetterlinge gaukeln über den Hof. Mein Zelt steht und ich fange an, das Abendessen zu bereiten. Da stürmt ein vierschrötiger Mensch den Kiesweg herauf und faucht wütend: »Was hast du hier zu suchen? Verschwinde auf der Stelle!«

»Was wollen Sie denn? Wer sind Sie eigentlich?«, frage ich, ohne mich von seinem harschen Auftritt einschüchtern zu lassen.

»Ich bin der Eigentümer! Das ist mein Haus!«

»Wirklich?«, frage ich ungläubig. »Ich habe mich doch im Dorf erkundigt und man sagte mir, hier wohne niemand.«

»Lüge! Wer soll das gesagt haben?«

»Da war ein Mädchen im Haus mit den Blumen.«

»Schluss mit dem Palaver! Du zahlst oder verschwindest!«

»Wie viel verlangen Sie denn?«

»Das kostet dich einen Hunderter.«

»Was? Sind Sie verrückt!«, entfährt es mir. »Das meinen Sie doch nicht im Ernst. Ich benutze ja nichts von Ihrem Eigentum außer diesen freien Platz im Hof.«

»Mein letztes Wort: Bezahl oder verschwinde!«

Mir fallen plötzlich die Erzählungen aus dem Mittelalter ein, als diese einsame Bergwildnis bei Pilgern gefürchtet war, weil sie sich oft heillos verirrten und von Räubern ausgeraubt wurden. Bin ich etwa einem neuzeitlichen Beutelschneider in die Hände gefallen? Der Mann weiß so gut wie ich, dass ich bleiben muss. In einer Stunde bricht die Nacht herein, bis dahin hätte ich nicht einmal fertig gepackt und wohin sollte ich auch gehen im Dunklen mit einem müden Esel? Schon will ich ihm notgedrungen das Geld geben, da kommen mir Zweifel, ob er auch wirklich der Besitzer ist.

»Ich werde mich erst mal im Dorf erkundigen, ob Sie der Eigentümer sind«, sage ich zu ihm.

Er lacht höhnisch: »Ja, frag nur. In zehn Minuten bin ich zurück, dann zahlst du oder haust ab.«

Wieder klopfe ich an die Tür des Iris-Blumen-Hauses und wieder öffnet das Mädchen. Ich erzähle ihr, was inzwischen passiert ist.

»Ja, es stimmt schon, ihm gehört das Haus«, bestätigt das Mädchen. »Mein Vater hat ihn angerufen. Unser Dorf ist nämlich kein Lagerplatz für Vagabunden. Sie sollen einen Denkzettel bekommen.«

»Aber ich bin doch eine Pilgerin.«

»Egal, wir wollen einfach nicht, dass jemand in unserem Dorf kampiert.«

Die halbe Nacht verbringe ich mit Warten auf die Rückkehr des Störenfrieds. Vergeblich. Ob er doch nicht der Besitzer war?

Die große Weite

Jubilierend steigen Lerchen in die Höhe und verlieren sich im Blau des Himmels, bis nur noch der Klang ihrer Lieder zur Erde dringt. Wiesengrün öffnet sich das Land weit bis zum Horizont. Kilometerlange Steinwälle, die wie ein Spinnennetz die Landschaft kreuz und quer überziehen, unterbrechen das eintönige Grün. Es muss Generationen gedauert haben, bis alle lästigen Steine gesammelt und zu Mauern aufgeschichtet waren. Ebenso ungewöhnlich sind die riesigen Granitblöcke, die überall verstreut auf den Wiesen liegen und sagenhaften Gestalten gleichen.

Die einzigen Lebewesen, die uns in dieser einsamen Landschaft begegnen, sind die rotbraunen Aubrac-Rinder. Die Kühe haben ihre Kälber bei sich und drängeln sich dicht am Zaun, um uns neugierig zu beäugen. Chocolat fühlt sich sicher, solange die Wiederkäuer brav hinter der Abgrenzung bleiben.

Wir gelangen nach Rieutort d'Aubrac mit Bauernhäusern aus vergangenen Jahrhunderten, wuchtig aus Granit gebaut mit weit herabhängenden Schieferdächern. Ein steinerner Brunnen spendet sprudelndes Wasser, füllt eine Steinwanne, fließt weiter in einen Steintrog und sickert von dort zurück ins Erdreich.

In Montgros halten wir. »Chez Rosalie«, das Bistro am Ortsrand, bewirtet seine Gäste im Freien. Im Schatten großer Sonnenschirme fühle ich mich gut aufgehoben und lausche den Gesprächen der Gäste ringsum. Sie sind alle Jakobspilger. Hannes aus Saarbrücken, neben dem ich Platz genommen habe, ist wie ich in Le Puy gestartet und will weitergehen bis Santiago de Compostela.

»Warum nehmen Sie diese Strapaze auf sich?«, frage ich ihn.

»Schauen Sie, ich habe etwas Schlimmes erlebt. Meine Kinder hatten einen Autounfall. Ihnen ist nichts passiert, aber die Kleine, meine Enkelin, ist ins Koma gefallen und dann gestorben. Ich werde damit nicht fertig. Ein Bekannter hat mir vom Pilgerweg erzählt und da war mir klar, ich muss diesen Weg gehen. Die Kleine wird davon nicht mehr lebendig, aber mir hilft es vielleicht weiter.«

»Muss es denn der Pilgerweg sein? Hätte ein beliebiger Wanderweg, ohne religiösen Hintergrund, nicht dieselbe Wirkung?«

»Nein, auf keinen Fall. Ich wandere nicht, ich pilgere! Dabei glaub ich nicht, dass meine Enkelin im Himmel oder im Paradies ist, so stelle ich mir das nicht vor. Ich spüre aber, dass es etwas Unbestimmtes, etwas Unerklärliches geben muss. Meine Pilgerreise hilft der Kleinen irgendwie, dort, wo sie jetzt ist, und deshalb fühle ich mich besser.«

Es ist fast Mittag, als wir Nasbinals erreichen. Kein einsames Dorf, wie die bisherigen Orte des Aubrac, sondern eine Stadt mit Bäcker und Lebensmittelgeschäften, mit dichtem Verkehr auf der Hauptstraße, einem rosenumsäumten Platz mit Kriegerdenkmal für die Gefallenen der Weltkriege und einer romanischen Kirche, die im 13. Jahrhundert von Mönchen des Aubrac-Klosters errichtet wurde.

Die Außenseite des Chors schmücken Rundbögen mit Säulen, die in die Granitmauer eingebunden sind. Farblich vom grauen Gestein abgesetzt, haben die Steinmetze im Mittelalter aus rostrotem Lavatuff seltsame Gesichter und Fratzen gemeißelt, die von den Dachsparren auf mich herabstieren. Ein behäbiger achteckiger Glockenturm krönt die Vierung. Kurios finde ich ein rundes Türmchen, das in den Winkel zwischen Langhaus und Querschiff hineingezwängt wurde. Dieser schlanke Rundturm trägt ein Schieferdach in Form eines pfiffigen Hütchens.

Schmuckstück der Kirche ist wieder einmal das Portal. Es präsentiert sich unverfälscht im Stil der Romanik. Auf Granitsockeln stehen beidseits je zwei Säulen. Auf dem rechten vorderen Kapitell zielt ein Armbrustschütze auf einen Ritter, der ihn mit einer Lanze aufspießen will und sich selbst mit einem Schild schützt.

Im Inneren der Kirche sind es der Hauptchor, die Seitenapsiden und die Vierungskuppel, die mein Interesse wecken. Starrende Fratzen, wie schon außen am Chor, sind oben an der Kuppel eingemauert. Das Kirchenschiff war ursprünglich von einem Tonnengewölbe bedeckt und wurde in späteren Jahrhunderten mit Kreuzrippen verstärkt.

Kunstliebhaber waren schon immer von dieser romanischen Kirche entzückt. Der Schriftsteller Helmut Domke schrieb: »... ein kleines Gotteshaus von der Vollkommenheit einer Bachschen Fuge«. Nun gut, man darf sie nur nicht mit all dem vergleichen, was den Pilger noch an Großartigem erwartet auf seinem weiten Weg nach Santiago de Compostela.

Es ist einsam geworden auf unserem Weg zur Passhöhe. Weit breitet sich die Graslandschaft vor uns aus. Nur dunkle Buchenhaine sorgen für Abwechslung und wirken wie mit dem Pinsel in das Grün hineingetupft. Wer nicht empfänglich ist für die berauschende Wirkung der Weite, findet diese Gegend monoton, karg, einsam. Genau das aber macht den Reiz für mich aus. Je näher wir der Passhöhe kommen, desto mehr fühle ich mich befreit von der Enge des Tales. Ich wünschte, es ginge so weiter, immer höher. Aber nach dem Pass senkt sich der Weg schon wieder abwärts zum Ort Aubrac – für mich zu früh. Das einsame Hügelland hat mich verzaubert und hält mich fest in seinem Bann. Abseits vom Weg auf der höchsten Erhebung fällt mir die Ruine einer Almhütte auf. In ihrem Windschatten werde ich bleiben und mein Zelt aufbauen.

Zuletzt war Chocolat nur noch müde dahingetrottet, aber als ich ihn in Richtung Almhöhe lenke, wirft er den Kopf in den Nacken und stapft munter bergan. Er scheint mit mir eins zu sein, dass uns dort oben die grenzenlose Freiheit und die Weite des Himmels erwartet.

Der Last ledig, wälzt er sich nicht wie üblich und beginnt sofort zu fressen, nein – er springt mit allen vieren in die Luft. Als ströme er über vor Freude, hüpft er im Kreis wie ein Böcklein. Dann erst wirft er sich auf den Boden, dreht sich auf den Rücken, streckt seine Beine in die Höhe, rollt von einer Seite zur anderen und grunzt vor Wohlgefühl. Chocolat gebärdet sich, als sei er in eine heiß geliebte, vertraute Umgebung zurückgekehrt. Nach allem, was ich von ihm weiß, kann er noch nie hier gewesen sein. Vielleicht aber erinnert ihn die Passhöhe an seine Sommerweide im Gebirge über der Ardèche-Schlucht?

Langsam verklingt der Tag. Ich lehne mich mit dem Rücken an die sonnenwarmen Steine der alten Almhütte und beobachte die Sonne, wie sie hinter den Hügeln versinkt. Ihr Widerschein spiegelt sich am Himmel in rötlichen Farben, allmählich werden sie silbern, dann grau, und schließlich senkt sich die Nacht über das weite Land. Die Sterne strahlen klar und die scharfe Sichel des Mondes erhebt sich langsam am Horizont. Eisige Kälte treibt mich ins Zelt.

Die Kunst des Loslassens

Von der Almhütte nach Saint-Chély-d'Aubrac, 12 km

Der Weg zum Ort Aubrac führt über zahlreiche Viehweiden, die von Stacheldrahtzäunen voneinander getrennt sind. Für Wanderer gibt es enge Durchlässe, Trittsteine oder Treppchen, mit denen sie bequem über die Zäune gelangen können. Mit Choco habe ich keine Chance, diese Hindernisse zu überwinden. Was tun? Ich nehme alle meine Kraft zusammen und ziehe die tief eingerammten Pfosten samt Stacheldraht aus dem harten Boden. Der Weg ist frei und ich führe Choco auf die benachbarte Weide. Aber nicht lange, bald stehen wir wieder vor einem neuen Gatter. Es ist harte Arbeit und ich muss mich richtig zwingen, den Zaun auch wieder ordentlich zu verschließen.

Unterhalb der Passhöhe liegt der berühmt-berüchtigte Ort Aubrac. Im Mittelalter bekannt als *in loco horroris et vastae solitudinis*, Schrecken der Einsamkeit. Hier war es, wo sich der Edelmann Adalard im tiefen Wald verirrte, in der Räuberhöhle mit den grausigen Köpfen nächtigte und als Dank für seine Rettung ein befestigtes Kloster bauen ließ. Bis zu 500 Pilger konnten früher im Klosterhospiz Unterschlupf finden.

Nur Wehrturm, Kirche und ein paar Wirtschaftsgebäude sind vom alten Kloster erhalten geblieben. Im Turm hängt noch die Glocke, die früher bei Nebel geläutet wurde, um verirrten Pilgern den Weg zum rettenden Hospiz zu weisen. Ich trete ein in die gotische Kirche, gleich neben dem Glockenturm. Verloren in einer Ecke des Chors stehen kleine sakrale Figuren und ersetzen den Altar. Flackernde Kerzen betonen die Leere der hohen Kirchenhalle. Zwitschernd flattern Schwalben durch den Raum, entkommen durch Löcher in den zwei Meter dicken Mauern ins Freie und fliegen flugs wieder herein.

Bevor wir uns an den Abstieg nach Saint-Chély-d'Aubrac wagen, gönne ich mir eine Rast im Straßencafé nahe der Klosterkirche. An den Rucksäcken, die an den Stühlen lehnen, ist unschwer zu erkennen, dass es sich um einen Treffpunkt der Jakobspilger handelt.

Ein Mann, der mit seinem Hund unterwegs ist, sagt, es sei gar nicht so einfach, mit einem Tier zu wandern. Er müsse auf drei Dinge gleichzeitig achten: auf den Weg, die Markierung und seinen Hund. Wenn er wüsste, wie dramatisch sich erst das Pilgern mit einem Esel gestaltet!

Von ihrem Zuhause in der Schweiz hat sich ein Ehepaar auf den Weg gemacht und will bis Santiago durchhalten.

»Warum gehen Sie den Pilgerweg?«, frage ich und bin überrascht, dass die Befragten sofort eine Antwort parat haben. Wahrscheinlich ist es die entscheidende Frage, die sich jeder stellt, bevor er loszieht. Ohne langes Nachdenken sagt die Schweizerin: »Für mich ist es das Loslassenkönnen. Der Weg lehrt mich, dass man nichts festhalten kann. Dadurch werde ich frei für Neues. Jeden Abend ein Ankommen, jeden Morgen ein Aufbruch. Zuerst hat mich das zermürbt. Ich wollte schon aufgeben, dann habe ich irgendwie doch weitergemacht und jetzt bin ich froh darüber.«

»Und die religiöse Bedeutung des Weges, ist die für Sie ebenso wichtig?«, erkundige ich mich vorsichtig.

»Nun ja, ich bin nicht so sehr gläubig. Es ist für mich mehr das Erleben der Natur, das mich beglückt, und die Geschichte des Weges, die mich interessiert. Vor allem die mittelalterlichen Kirchen, die beeindrucken mich schon sehr.«

Ihr Mann hat uns zugehört und sagt jetzt: »Ich bin da anderer Meinung, denn der Jakobsweg ist nur wegen seiner religiösen Bedeutung überhaupt zu verstehen. Daraus bezieht er seine Kraft und Stärke und übermittelt diese auf uns Pilger. Niemals würde ich sonst eine Strecke von mehr als 2000 Kilometern schaffen. Nur weil es der Pilgerweg ist, bin ich dazu im Stande. Viele Jahre schon war es mein Wunsch, den ganzen Weg zu gehen, von zu Hause aus, und dazu habe ich jetzt die nötige Zeit, ich bin nämlich seit einem Jahr in Rente.«

Mit den besten Wünschen für eine glückliche Ankunft in Santiago de Compostela verabschiede ich mich von den beiden. Wir pilgern weiter auf dem gleichen Weg, der sich doch für jeden von uns anders gestaltet.

Vom Ort Aubrac, der seinen Namen der ganzen Gegend verliehen hat, fällt das Gebirgsplateau steil ab nach Saint-Chély-d'Aubrac, meinem heutigen Ziel. Vier anstrengende Stunden geht es abwärts. Gewarnt von Pfarrer Stephan, weiß ich, dass der Abstieg ähnlich problematisch ist, wie der von Rochegude nach Monistrol; deshalb entscheide ich mich für die mehrfach längere Strecke auf der Straße, die sich in zahlreichen Serpentinen hinab ins Tal windet. Der Verkehr ist zwar gering, aber ich sorge mich, dass sich Chocolats Hufe auf dem harten Belag zu sehr abnutzen könnten. Beim Auskratzen ist mir bereits aufgefallen, dass der Abstand vom Hornrand zur Sohle kürzer geworden ist. Zwar müsste ich mir keine Sorgen machen, denn wilde Esel laufen in Nordafrika ständig über steiniges Gelände und Geröll, den starken Abrieb gleicht normalerweise das schnelle Wachstum aus. Bei Hauseseln, die auf Wiesen mit weichem Boden leben, muss deshalb das Horn regelmäßig abgeraspelt werden. Da Esel wesentlich härtere Hufe als Pferde haben, werden sie nur selten mit Eisen beschlagen. Ich weiß aber noch nicht recht einzuschätzen, ob bei meinem Esel das Nachwachsen die tägliche Abnutzung ausgleicht.

Endlich bietet eine Lichtung einen guten Platz für eine Rast. Choco grast friedlich und ich packe meinen Proviant aus. Nach einer Weile blicke ich auf und erstarre vor Schreck. Stacheldraht hat sich um seine Hinterbeine gewickelt, rostiger Draht, der lose herumlag. Während er sich zu befreien versucht, verheddert er sich nur noch mehr darin. Choco hält inne, als ich ihn beruhigend kraule; dann krieche ich unter seinen Bauch und löse langsam und vorsichtig den stacheligen Draht von seinen Beinen. Geschafft! Aufatmend will ich mich aufrichten, da knallt mir sein Hinterhuf gegen das Knie. Im ersten Schmerz schreie ich laut auf.

Mein Schreck verfliegt schnell, denn Choco hat mir lediglich einen harmlosen Schlag versetzt, der kaum zu spüren gewesen wäre, hätte er nicht ausgerechnet die Kniescheibe getroffen. Er wollte nur seinem Unmut wegen der Belästigung mit dem Draht ein wenig Luft machen. Sofort versöhnen wir uns wieder. Nach diesem Tritt ist mein Vertrauen in ihn eher noch gewachsen. Obwohl er ziemlich ärgerlich war, hat er seine Kraft nicht gegen mich missbraucht.

Erst gegen sechs Uhr abends erreichen wir Saint-Chély-d'Aubrac. Für die anstrengende Tour wird mein Esel mit einer abgeschlossenen Weide belohnt, auf der er sich frei bewegen kann.

Begegnung mit Justin

Von Saint-Chély-d'Aubrac nach Saint-Côme-d'Olt, 16 km

Über den Gebirgsbach spannt sich eine steinerne Brücke. Ihre Brüstungsmauer schmückt ein Kreuz aus dem 16. Jahrhundert, dem das Wetter seine Spuren eingegraben hat. Doch der gekreuzigte Christus ist noch gut erkennbar, ebenso Maria mit dem Jesuskind auf der dem Wasser zugewandten Seite. Am Schaft der Säule sehe ich die Darstellung eines Pilgers mit Stab, Pelerine und Brotsack, eine Abbildung die mich durch ihre Einfachheit rührt.

Diese Brücke mit dem Kreuz muss ich überqueren, um Choco von seinem Schlafplatz abzuholen. Wie wird er reagieren, nachdem er die ganze Nacht allein war? Zum ersten Mal habe ich ihn nicht festgebunden, da die Weide sicher abgeschlossen war. Ob er sich nun einfangen lässt? Kaum hat er meine Stimme gehört, trabt er schon vom anderen Ende der Wiese auf mich zu. Glücklich umarme ich meinen Esel und empfinde es als kostbares Geschenk, dass er sich mir freiwillig anschließt.

Im frühen Morgenlicht marschieren wir durch die stille Ortschaft, überqueren den menschenleeren Marktplatz, wo auf einer Säule ein Hahn aus Metall, Frankreichs Wappentier, seine Federn plustert und den Schnabel stolz in den Himmel reckt. Vor der Herberge belade ich Chocolat, dann überqueren wir die Brücke und steigen den gegenüberliegenden Berghang hinauf. Beim Blick zurück sehe ich zum letzten Mal Saint-Chély-d'Aubrac, eng an den Berghang gepresst wie ein Schwalbennest.

Bald wandern wir über eine weite Hochfläche mit Getreidefeldern und Waldinseln, doch vom Westen droht eine Gewitterfront.

Schwarze Wolkenberge verfinstern den Himmel. Nur ein schmaler Spalt ist noch frei, durch den die Sonne blendend strahlt und das Land grell beleuchtet. Kornfelder lodern gelb, Wiesen leuchten giftgrün, und Wälder dunkeln wie in Tinte getaucht.

Schnell spanne ich die extra angefertigte Regenplane über meinen Esel, fädle Schnüre durch Ösen und binde sie unter seinem Bauch zusammen. Leider bewährt sich die Plane nicht – der Wind fährt von unten in sie hinein und bläht sie auf wie ein Segel. Bleibt als Schutz vor dem Unwetter nur das Blätterdach eines Baumes. Nach einer Stunde haben wir das Schlimmste überstanden. Erleichtert blicke ich den Wolken nach, die der Sturm dramatisch über die Hochfläche treibt. In der Ferne zeigen dunkelviolette Schlieren, wo sich die Wolken erneut erleichtern und ihre Regenlast auf die Erde prasseln lassen.

Ein Wald von Kastanienbäumen nimmt uns auf. Mit ihren hochgewölbten Kronen und den gezähnten Blättern beweisen sie mir, dass ich in einem südlichen Land bin. Im Herbst werden die braunen Maronen in großen Mengen gesammelt, zu Marmelade, Mus und Pasteten verarbeitet und als Spezialität der Region in den Geschäften zum Kauf angeboten.

Auf federnden Pfaden wandern wir durch den dichten Kastanienwald, der von wechselvollen Licht-und-Schatten-Spielen belebt wird. Auf einer Lichtung gönnen wir uns eine längere Pause, damit Choco fressen kann. Eine Gruppe von Pilgern wandert vorbei und fast alle wollen wissen: »Ist er störrisch?«

»Aber nein!«, antworte ich entschieden und ernte enttäuschte oder ungläubige Mienen. Ein folgsamer Esel passt einfach nicht zur landläufigen Meinung.

Drei junge Frauen aus Belgien gesellen sich zu uns. Ihnen erkläre ich: »Es gibt keine störrischen Esel, nur Menschen, die diese Tiere falsch behandeln. Bei Chocolat weiß ich inzwischen, dass er immer einen Grund hat, wenn er stehen bleibt. Entweder ist das Gepäck verrutscht oder er hört ein ungewöhnliches Geräusch. Esel sind nämlich sehr aufmerksame, neugierige und überaus kluge Tiere, sie interessieren sich einfach für alles, was in ihrer Umgebung vor sich geht. Und sie folgen nicht automatisch unseren Befehlen, sondern denken erst mal darüber nach, bevor sie sich entscheiden, etwas zu tun oder eben auch nicht.«

»Denken? Esel können denken?«, ruft Jasmin überrascht aus.

»Aber ja! Natürlich lösen sie keine Rechenaufgaben, doch in Chocolats Augen kann ich sehen, wie er das Für und Wider abwägt, wenn er mit etwas Neuem konfrontiert wird. Er überlegt bei jeder Situation, was für ihn das Beste ist, und verhält sich dann entsprechend. Wichtig für ihn ist vor allem, Gefahren zu vermeiden und an einen guten Futterplatz zu gelangen.«

»Das klingt einleuchtend«, sagt Jeanette.

»Hätte ich nie für möglich gehalten. Dabei sagt man doch, Esel seien dumm«, meint Marie.

Jasmin geht zu Choco und streichelt ihn sanft. Er hält still, schließt halb die Augen und genießt.

»Warum seid ihr auf dem Pilgerweg?«, stelle ich meine Standardfrage, denn ich möchte die Motive möglichst vieler Menschen erfahren, denen ich begegne.

»Ach, einfach so, weil es herrlich ist!«, antwortet Marie spontan. Sie ist mit 22 Jahren die Jüngste. Jasmin zählt 28 und Jeanette 32 Jahre.

»Wir sind Freundinnen und wandern gern«, sagt Jasmin, die sich wieder in unseren Kreis gesetzt hat. »Da kam uns der Pilgerweg gerade recht. Die rund 200 Kilometer von Le Puy bis Conques wollen wir in acht Tagen schaffen. Es soll landschaftlich der schönste Teil der *via podiensis* sein.«

»Was bedeutet euch denn der Weg?«, frage ich weiter.

»Die Natur ist uns vor allem wichtig und sie ist großartig hier!«, sagt Jeanette begeistert. »Meine Vorliebe sind Pflanzen. Viele seltene Arten wachsen ganz einfach am Wegrand, darüber freue ich mich. Außerdem gefallen mir die Dörfer, die wie verwunschen wirken. Da fühle ich, was es heißt: Die Zeit bleibt stehen.«

»Spielt denn die Religion für euch eine Rolle?«

»Nein, das weniger«, antwortet Jasmin.

»Dennoch sind wir auch Pilger, eben auf unsere Weise«, sagt Marie.

Herzlich verabschiede ich mich von den Frauen und ziehe mit Chocolat weiter. An der Wegbiegung drehe ich mich noch einmal um und rufe ihnen zu: »Bis bald! Wir sind eher langsam und ihr werdet uns bestimmt gleich einholen.«

»Mal sehen. Wir sind auch nicht die Schnellsten.«

Statt der drei Belgierinnen überholt uns ein Mann mit Rucksack auf dem Rücken und Sandalen an den Füßen. Kein üblicher Anblick, denn Wanderer und Pilger tragen normalerweise geschlossene Schuhe. Alle Pilgerberichte widmen sich dem leidigen Schuhproblem und schildern schmerzvolle Erfahrungen mit Blasen, blutigen Zehen und wund geriebenen Fersen. Mit meinen Füßen habe ich Glück, sie halten viel aus. Ich bevorzuge hoch geschnürte Wanderschuhe mit kräftigen Profilsohlen. Bei jeder Rast ziehe ich sie aus und erfrische die erhitzten Füße durch Barfußlaufen.

Mehr als 1000 Meter sind Choco und ich abgestiegen vom Gebirgsplateau des Aubrac hinunter ins Tal des Lot. Diesen Fluss, der sich wild durchs Land schlängelt, bevor er in die Garonne mündet, werde ich auf meinem Weg noch einige Male überqueren.

Wir erreichen den Ort Saint-Côme-d'Olt, unser heutiges Etappenziel. Das dem Ortsnamen angehängte d'Olt bedeutet in der okzitanischen Mundart »Lot«. Wie so oft erinnern auch in diesem Fall geografische Begriffe an alte und manchmal längst vergessene Sprachen.

Unser Quartier müssen wir im Ort beziehen, denn die bewaldete Berglandschaft ist für ein Übernachten im Freien ungeeignet. Inzwischen habe ich begriffen, dass Reservierungen auf der *via podiensis* unabdingbar sind, vor allem weil ich für Chocolat jedesmal eine Weide brauche. Am Telefon versicherte mir der Wirt vom »Hôtel des Voyageurs«, dass ich Chocolat bei ihm problemlos unterstellen könnte. Als wir den Abstieg geschafft haben und müde vor dem Hotel eintreffen, ist es schon später Nachmittag.

»Wo kann ich meinen Esel hinführen?«, frage ich den Wirt als Erstes.

»Da in die Garage. Hier ist der Schlüssel.«

»Garage? Mein Esel ist doch kein Auto!«

Der Wirt überlegt eine Weile und bringt uns dann zu einer Toreinfahrt. Nicht nur die Betonwände stören mich, sondern auch der Steinboden, auf dem kein Grashalm wächst.

»Nein, das ist auch kein guter Platz!«, sage ich. Was aber soll ich tun? Es ist das erste Mal, dass es mit Chocos Unterbringung Probleme gibt. Weiterwandern kommt nicht in Frage, dazu ist er zu erschöpft – und wohin auch? Das Terrain ist weit und breit zum Campieren ungeeignet. Der Wirt ist gutmütig und bereit zu helfen; er hatte sich nur nicht vorstellen können, welche Bedürfnisse ein Esel hat. Schließlich macht er ein eingezäuntes Grundstück ausfindig, das aber mit zwei Meter hohem Brombeergesträuch zugewuchert ist. In der Not weiß ich mir keinen anderen Ausweg, schlage mit dem Stock um mich und trample das Dornengestrüpp so weit nieder, bis ich einen freien Platz für Choco geschaffen habe. Da er Dornenpflanzen frisst, ist auch das Futterproblem gelöst.

Über den wild rauschenden Lot spannt sich mit vielen Bögen eine Brücke – der beste Platz, um die malerische Ortschaft zu überblicken. Inmitten der glänzenden Schieferdächer erhebt sich die im Jahr 1530 erbaute gotische Kirche, deren Turmspitze in sich verdreht ist. Was wie ein missglücktes Werk anmutet, ist beabsichtigt. Baumeister Salvanh hat den Glockenturm vorsätzlich so entworfen. Da er zu seiner Zeit ein berühmter Baumeister war, gelang es ihm, die konservativen kirchlichen Bauherren von seiner Idee der gewundenen Kirchenspitze zu überzeugen. Ich kann mir lebhaft vorstellen, dass die merkwürdige Konstruktion von seinen Zeitgenossen nicht unbedingt mit Begeisterung aufgenommen wurde.

In der gotischen Kirchenhalle empfängt mich zauberhaftes Licht. Die Abendsonne fällt durch die Glasfenster und wirft farbige Muster auf Wände, Säulen und Pfeiler. Vertieft in den Anblick des Farbenspiels, wähne ich mich allein in der Kirche.

»Wie geht es Ihrem Esel?«, fragt plötzlich jemand auf Französisch.

Überrascht drehe ich mich um und sehe den Mann, der mir wegen seiner Sandalen aufgefallen war. Er heiße Justin, erfahre ich, stamme aus Paris, sei von Le Puy gestartet und wolle bis nach Santiago de Compostela pilgern.

»Immer wieder sah ich diese ovalen Muster im weichen Boden, da dachte ich mir, die können nur von einem Esel stammen. Das sind nämlich meine Lieblingstiere.«

»So? Sie kennen sich aus mit Eseln?«

»Weniger, ich mag sie einfach nur.«

Bevor ich zum Hotel gehe, besuche ich noch einmal Choco in seinem Dornenverhau. Die Ranken schmecken ihm offensichtlich, denn er hat schon ein weite Fläche um sich herum freigefressen. Überraschend taucht der Wirt noch einmal auf und schleppt einen Ballen Heu herbei. Choco wird es genießen und ich freue mich über die unerwartete Geste.

Die Meerjungfrau in der Kirche

Von Saint-Côme-d'Olt nach Estaing, 17 km

Von Saint-Côme-d'Olt folge ich dem linken Ufer des Lot sechs Kilometer flussabwärts in Richtung Espalion. Noch bevor die ersten Häuser der Ortschaft auftauchen, zweigt ein Wiesenweg ab, der mich direkt zur Kirche Saint-Hilarian de Perse führt. Ihre Mauern empfangen mich in einem Rot, das im hellen Sonnenlicht fast unwirklich erscheint. Ihr wahres Alter ist nicht bekannt, aber schon im Jahr 1060 wurde sie in einer Schenkungsurkunde an die Abtei Conques erwähnt. Der heilige Hilarian, dem die Kirche geweiht ist, soll an dieser Stelle im Jahr 730 von Arabern enthauptet worden sein. Der Märtyrer nahm daraufhin sein abgeschlagenes Haupt in die Hände, ging zu einer Quelle und reinigte es von Blut – so wird es jedenfalls in der Heiligenlegende berichtet. Kephalophoren, wie man diese Kopfträger bezeichnet, werden hochverehrt und gelten als wundertätig. In Frankreich sind sie besonders zahlreich – von 700 ist die Rede.

Ich bin allein in der Kirche, niemand stört die intensive Andacht. Und auf einmal scheint mir, als würden die Mauern der Kirche erklingen, als strömten Töne aus den Steinen und formten sich zu Musik, die Jahrhunderte überbrückt und wie eine verebbende Klangwelle mein Ohr erreicht.

Nie werde ich müde, romanische Baukunst zu bewundern. Ihre Baumeister haben es verstanden, Kirchen zu schaffen, die in vollkommener Harmonie in sich selbst ruhen. Als hätten sie ein uraltes Wissen über Steine besessen, gelangen ihnen Werke von fast mystischer Ausstrahlung.

Das Portal wird von drei Säulen flankiert, auch sie sind aus rotem Gestein. Im Tympanon, dem Bogenfeld über dem Eingang, ist das Pfingstgeschehen figurenreich dargestellt. Zehn Apostel, in ihrer Mitte Maria, empfangen den Heiligen Geist, der als Taube senkrecht aus dem Himmel niederstürzt.

Wie im Nachklang heidnischer Vergötterung von Gestirnen sind Sonne und Mond als Personen abgebildet. Von einem Strahlenkranz umgeben, hält die Sonnen-Frau ein Ährenbündel in der Hand, das Zeichen von Demeter, Göttin der Fruchtbarkeit. Die männliche Figur, die den Mond symbolisiert, balanciert auf dem Kopf einen Halbmond, auch er ein uraltes Fruchtbarkeitssymbol. Mich erstaunt, dass Sonne und Mond den gleichen Geschlechtern zugeordnet sind wie in der deutschen Sprache, während es in romanischen Ländern üblich ist, Sonne männlich und Mond weiblich zu definieren, also französisch: *le soleil* und *la lune*.

Unterhalb dieses pfingstlichen Ereignisses befindet sich ein Figurenfries, der das Jüngste Gericht zum Thema hat. Ganz rechts erkenne ich Jesus in einer Mandorla, umgeben von den vier Symbolen der Evangelisten: Engel, geflügelter Stier, geflügelter Löwe und Adler. In der Mitte des Reliefs dominiert eine Waage, mit der die Sünder gewogen werden. Tückisch versucht der Teufel dem Himmel die Seelen zu entreißen und drückt eine Waagschale mit dem Daumen nach unten. Die linke Seite des Reliefs ist ganz der Hölle vorbehalten: windende Schlangen, ein Drache, der Sünder verschlingt, grinsende Teufel und über allem Luzifer auf seinem Thron.

In Espalion überschreite ich zum zweiten Mal den Lot, der hier eine Schleife bildet, und folge weiter seinem Ufer auf schattigen Pfaden. Nachtigallen lassen sich trotz Sonnenlicht nicht daran hindern, ihre vibrierenden Triller und sehnsuchtsvollen Schluchzer laut in den hellen Tag hinauszuschmettern.

An einer Wegkreuzung weist ein Schild die Richtung zur Kirche Saint-Pierre-de-Bessuéjouls. Als sie zwischen den Bäumen auftaucht, kann ich einen Freudenschrei nicht unterdrücken. Welch ein Glück, an einem Tag gleich zwei herrliche Bauwerke bewundern zu können! Auch diese Kirche zeugt von der hohen Kunst mittelalterlicher Steinmetze, die aus rotem Sandstein ein Kleinod geschaffen haben.

Mich beeindruckt vor allem die Michaels-Kapelle im Obergeschoss. Wer allerdings nur flüchtig in die Kirche hineinschaut, übersieht möglicherweise die zwei Aufgänge im hinteren Teil des Kirchenraums. Sie sind dermaßen schmal, dass jeweils nur eine Person hindurchpasst. Über ausgetretene Steinstufen, hautnah von Mauern umgeben, steige ich erwartungsvoll hinauf und gelange in in einen archaischen Raum. Mit meterdickem Gemäuer, schwerem Gewölbe, Säulen und Kapitellen ist hier die Vergangenheit konserviert. Der Altar gilt als einer der ältesten und schönsten der *via podiensis*. Abgebildet sind Michael als Drachentöter, neben ihm ein Engel mit Spruchband. Vielleicht der Erzengel Gabriel? Ranken und Blattwerk füllen die übrigen Flächen.

Geschützt vor Witterungseinflüssen, sind die Figuren auf den Kapitellen perfekt erhalten. Sie wirken frisch, als hätte der Bildhauer sie erst kürzlich geschaffen. Einige Kapitelle zeigen karolingische Flechtbandmuster so gekonnt in den Stein geschlagen, dass man meinen könnte, echtes Korbgeflecht zu sehen. Tiere, Engel, Fabelwesen zieren andere Kapitelle. Fasziniert betrachte ich eine Meerjungfrau, umgeben von zwei Zentauren, den mystischen Wesen der Antike – halb Mensch, halb Pferd. Aufregend an der Meerjungfrau ist, dass sie zwei Fischschwänze hat und diese weit nach den Seiten spreizt. Mit den Händen fasst sie ein bogenförmiges Gebilde, ähnlich einem Tau oder einer Schlange, und spannt es über ihrem Kopf.

Warum diese mythologischen Figuren aus der Antike in einer christlichen Kirche? Ich denke, es war der Nachhall der alten Götter, der das Mittelalter noch beeindruckte. Um ihre Kraft zu brechen, hatte man sie dämonisiert und in die Unterwelt verbannt. Ihrer Bildnisse bediente man sich als Abwehrzauber, weil gegen das Böse am besten das Böse hilft, so dachte man damals. Der gemalte Teufel sollte dem Leibhaftigen den Zutritt in die Kirche verwehren, als würde er vor seinem eigenen Bild erschrecken.

Meerjungfrauen, auch Sirenen genannt, diese nach Blut lechzenden Zwitterwesen babylonisch-assyrischen Ursprungs, sind ferne Erinnerungen an eine Muttergottheit, die verantwortlich war für den Kreislauf von Tod und Leben. Seit langem ist sie schon entmachtet, diese Fruchtbarkeit spendende Erdmutter der Steinzeit. Meerjungfrauen, Nixen, Nymphen, Undinen, Melusinen, Loreleien, Sirenen verkörpern nur noch bruchstückhaft einen Teil ihrer negativen Aspekte. So bringen Fischsirenen tödliches Verderben über denjenigen, der ihrem betörenden Gesang lauscht. Deshalb die Figur auf dem Kapitell: Sie soll die Menschen warnen, nicht der Sünde zu verfallen. Eindringlicher könnte man die Versuchungen der Sexualität kaum darstellen als durch eine Frauensperson, die mit ihrem entblößten Genitalbereich lockt und gleichzeitig mit ihrem ekligen Fischschwanz verschreckt.

Hinter der Kirche finde ich einen schattigen Platz zum Rasten. Chocolat wälzt sich ausgiebig im Staub und macht sich dann an die Futtersuche. Marie, Jasmin und Jeanette, die belgischen Pilgerinnen, kommen des Wegs und ich freue mich sehr, sie noch einmal zu sehen. Sie setzen sich zu mir und singen französische Lieder. Angelockt vom Gesang versammeln sich noch andere Pilger. Für Choco eine willkommene Gelegenheit, Zärtlichkeiten einzuheimsen. Er mag Menschen, geht von einem zum anderen und lässt sich streicheln.

Er wird mir immer vertrauter, der Lot – zum dritten Mal steigen wir in sein Tal hinab. Im Dorf Verrières sitzen die Leute vor ihren blumengeschmückten Häusern, genießen die Abendsonne und nicken uns zu. Mir gefällt dieses Dorf, das die Vergangenheit romantisch bewahrt und gleichzeitig voller Leben ist. Ich wäre gern über Nacht geblieben, halte aber vergeblich Ausschau nach einer Herberge.

An einer Schleife des Lot liegt der Ort Estaing, überragt von einer Burg, pittoresk und doch stilecht. Sie ist schon etwas Besonderes. Auf einem Felsen mitten in der Stadt kündet sie von der Macht des berühmten Herrschergeschlechts derer von Estaing, einer Dynastie, die dem Land mit außergewöhnlichen Persönlichkeiten, mit Feldherren und Kirchenfürsten diente. Aber der Ruhm ihrer Waffen und ihrer kirchlichen Würden verblich, als kaum noch Pilger auf dem Weg nach Santiago de Compostela vorbeikamen. Der Letzte seiner Sippe, kinderlos und verarmt, verkaufte seinen Namen samt Adelsprädikat an den Vater des ehemaligen Präsidenten Frankreichs: Giscard d'Estaing.

Um in die Stadt zu gelangen, überqueren wir den Lot auf einer gotischen Steinbrücke. In die Fugen ihres Gemäuers krallen sich weiß und rot blühende Pflanzen. Über der Brückenmitte erhebt sich die Statue des einstigen Bischofs von Rodez, dem vom Papst selig gesprochen François d'Estaing.

Den Schlüssel für die Herberge hier in Estaing solle ich mir im »Café du château« abholen, gleich neben der Brücke, hatte es am Telefon geheißen. Der Wirt, ein dicker Mann mit grauen Haaren und trüben, gelblichen Augen, tut schwer beschäftigt. Erst muss er abkassieren, anschließend neue Getränke ausschenken, dann gießt er sich ein Glas Rotwein ein, setzt sich zu einem Bekannten und wickelt Geldgeschäfte ab. Ich verliere die Geduld und dränge den Wirt, mir endlich den Schlüssel auszuhändigen, denn mein Esel warte draußen, müde und bepackt.

»Die Herberge ist offen«, sagt der Wirt beiläufig, ohne mich richtig anzusehen.

»Und wie finde ich sie?«

»Immer geradeaus durch die Stadt.«

»Und wo ist die versprochene Weide für meinen Esel?«

»Gleich nebenan.«

Als ich am Ortsende vor einer Kirche stehe, kann ich es zunächst nicht glauben, dass es sich wirklich um die Herberge handelt. Aber ein Schild neben der Tür ist eindeutig. Das ehemalige Kirchenschiff ist mit Trennplatten in Kammern aufgeteilt, in denen je zwei Feldbetten stehen. Ein Vorhang bietet Sichtschutz zum Mittelgang. Nach oben sind die Quartiere offen, so dass man in die Holzverstrebungen des Daches blickt. Es riecht intensiv nach Weihrauch, denn nach jahrelangen Opfergaben ist das Gebälk vollgesogen vom geweihten Duft.

Mein Esel grast friedlich auf der eingezäunten Wiese gegenüber der Herberge. Während ich unter der Dusche stehe, höre ich Pferdegewieher. Blitzschnell bin ich angezogen und stürze hinaus. Tatsächlich, da sind Pferde! Die Besitzerin der Weide ist mit einem Transporter eingetroffen und staunt nicht schlecht über den Esel, der sich auf ihrem Grundstück tummelt.

Ich erkläre ihr, wie es dazu gekommen ist und dass mein Esel pferdeverrückt sei. Sie lächelt verständnisvoll und meint, ich könne Choco auf eine andere Weide führen, die ihr auch gehört. Die Bergweide entpuppt sich als Paradies mit duftenden Kräutern und schattigen Apfelbäumen. Schade, dass ich schon Quartier bezogen habe – hier hätte ich gern gezeltet. Andererseits freue ich mich auf das Abendessen mit Justin, dem Pilger in Sandalen, den ich hier wieder getroffen habe und der in derselben Herberge untergekommen ist wie ich. Da die Herberge eine gut ausgestattete Küche hat, kam er auf die Idee zu kochen und lud mich dazu ein.

Vor Überraschung verschlägt es mir dann fast die Sprache, denn Justin hat den Tisch bereits gedeckt und trägt auf: eine Riesenschüssel Salat, gebratene Auberginen, Lammkeule mit Zucchinigemüse und als Nachspeise cremiges Dessert aus Himbeeren. Nach vierzehn Tagen Eintopfessen vom Campingkocher schmeckt dieses Menü einfach herrlich. Im Kamin lodert Feuer. Der Rotwein funkelt in den Gläsern und Justin erzählt von seinen Eindrücken auf dem Pilgerweg. Zum Schluss meint er: »Mir gefällt es, unterwegs zu sein, und ich freue mich jeden Morgen, wenn ich aus einer Ortschaft hinauswandere, alles hinter mir lasse, das Negative und das Positive, wieder leer bin wie ein unbeschriebenes Blatt. Das ist Freiheit, dann fühle ich mich berauscht von der Leichtigkeit des Seins.«

Chocolat verliert die Stimme

Von Estaing nach Golinhac, 15 km

Er holt tief Luft, die Muskeln vibrieren und pressen, doch aus seiner Kehle dringt kein Laut. Choco müht sich krampfhaft, mich wie jeden Morgen mit einem kraftvollen I-ah-a-a zu begrüßen. Da, endlich bricht ein Ton hervor, aber er ähnelt dem Qietschen einer eingerosteten Türangel.

»Was ist denn mit dir los? Bist du im Stimmbruch?«, frage ich scherzend. Dann fällt mir ein, dass ich mich schon gestern über ihn gewundert habe, wie auffallend zurückhaltend er sich beim Anblick der Pferde benahm. Sind seine männlichen Hormone etwa am Schwinden? Vor wenigen Wochen erst wurde Chocolat kastriert. Mindestens ein halbes Jahr würde das Testosteron sein Verhalten noch bestimmen, hatte Georges Girard mir gesagt. Wenn die Wirkung jetzt schon nachließe, wäre ich einerseits erlöst, weil ich bei Pferdebegegnungen nicht mehr diese zermürbenden Kämpfe mit ihm ausfechten müsste. Anderseits stimmt mich sein brüchiges Gekrächze traurig, denn es hatte mir gefallen, wie er mich mit kernigem Geschrei begrüßte. Erst jetzt wird mir richtig bewusst, welche Folgen die Kastration für ihn haben wird.

Als wir Estaing verlassen, regnet es. Justin, dem ich wegen der ungeeigneten Regenplane mein Leid klage, rät: »Wickele sie doch einfach außen um die Packsäcke, so bleiben wenigstens Schlafsack, Zelt und Kleidung trocken.«

Wir verabschieden uns; jeder will den Weg für sich allein erleben. Wer weiß, vielleicht treffen wir uns am Abend in der nächsten Herberge wieder, wenn ich nicht schon vorher einen Zeltplatz finde.

Als ich mit meinem Esel aus der Ortschaft hinaus über die Brücke ziehe, erinnere ich mich an unser Gespräch gestern Abend vor dem Kaminfeuer, an die Freiheit und die Leichtigkeit des Seins, von denen Justin gesprochen hatte. Ich empfinde ähnlich: Die Sesshaften bleiben zurück im immer Gleichen, die Vogelfreien wandern davon, neuen Herausforderungen und Abenteuern entgegen.

Chocolat und ich folgen eine Weile dem Lot, steigen dann wieder einen Waldpfad zu einer Hochfläche hinauf. Diese *via podiensis* ist wahrlich ein tägliches Auf und Nieder. Es regnet nicht mehr, die Sonne scheint warm, und weit reicht der Blick über das Plateau mit seinen Feldern, Weiden und Wäldern. Im hellen Licht des Tages springt ein Baummarder über die Wiese. Er hält inne und ich kann in Ruhe sein glänzendes Fell bewundern und den dottergelben Fleck, der an seiner Kehle leuchtet. Das Tier bemerkt uns nicht und bleibt minutenlang sichtbar, bevor es im Gebüsch verschwindet.

Nach fünf Stunden haben wir 15 Kilometer bewältigt und erreichen Golinhac. Im Wanderführer als ansehnlicher Ort beschrieben, wirkt er auf mich seltsam leblos. Die Neubauten sind meiner Meinung nach misslungen, eine geistlose Architektur. Beton ist vorherrschend, dazu noch schlecht verarbeitet. Ein neu gestalteter Platz vor der Kirche scheint eher abstoßend als einladend. Lieblos in Kübel gesetzte Pflanzen fristen ein kümmerliches Dasein. Mauern und Umfassungen sind eckig und sperrig. Die Kirche selbst, obgleich ihre Fundamente aus romanischer Zeit stammen und sie einen berühmten Altar beherbergt, macht auf mich den Eindruck, als wäre sie ohne spirituelle Kraft. Nur ein Hund belustigt mich, ein Mischling, den ich wegen der Farbe seines Fells spontan Champagner taufe. Er bewacht einen Vorgarten, springt artistisch auf ein säulenartiges Podest und posiert dort voller Würde, dreht seinen Kopf einmal nach links, dann nach rechts, immer bedacht auf eine vorteilhafte Figur, so als wolle er fotografiert werden. Ich tue ihm den Gefallen.

Die Herberge hat im Gegensatz zum Ort eine außerordentlich gelungene und reizvolle Architektur, innen mit einer attraktiven Holzkonstruktion. Leider ist sie von einer Jugendgruppe voll belegt. Justin, der vor mir da war, konnte gerade noch ein Bett ergattern.

Ich spreche mit dem Herbergsvater Emile und er erlaubt mir, auf der Wiese nebenan mein Zelt aufzustellen. Ich beeile mich, weil wieder eine Regenfront naht. Kaum bin ich mit dem Aufbau fertig, prasselt es schon herunter, aber wenigstens ist der Boden unter dem Zelt trocken geblieben.

Mein kluger Esel hat sich bereits während der ersten Tropfen einen Baum zum Unterstellen gesucht. Es gefällt mir, ihn in meiner Nähe zu haben. So angenehm die drei letzten Nächte in einer komfortablen Unterkunft für mich auch waren, so habe ich es doch bedauert, dass er draußen allein sein musste. Auch Choco scheint unseren gemeinsamen Lagerplatz zu genießen. Als es zu regnen aufhört, grast er um das Zelt herum und holt sich immer wieder seine Streicheleinheiten bei mir ab.

Am Abend kommt die Sonne noch einmal hinter den Wolken hervor und ich spaziere mit Justin durch Golinhac. Statt Sandalen trägt er jetzt Gummistiefel, da die Wege voller Pfützen sind. Er klagt über die Jugendlichen, die lärmend die Küche in Beschlag genommen hätten. Ich möchte mich für sein gestriges Menü revanchieren und bereite auf meinem Gaskocher Basilikum-Nudeln mit Tomatensauce, ein Gericht, das mir immer gelingt. Justin verhält sich nicht wie ein gewöhnlicher Wanderer, selbst bei diesem improvisierten Essen am Boden vor meinem Zelt verzichtet er nicht auf Servietten. Er zaubert sie aus seinem Rucksack hervor, ebenso ein Besteck mit kunstvollen Holzgriffen.

»Das wiegt doch viel zu viel«, kritisiere ich.

»Lieber verzichte ich auf etwas anderes. Mit Besteck aus Blech würde mir kein Essen schmecken.«

»Ich packe nur das Nötigste in meinen Rucksack. Alles andere belastet nur, das habe ich bei zahlreichen Bergtouren gelernt.«

»Hör mir auf mit dem Rucksack!«, ruft er ärgerlich. »Ich hasse Rucksäcke! Alles ist durcheinander und heillos verknüllt und was ich auch suche, liegt immer ganz unten. Jedesmal muss ich den Sack ausschütten und neu packen. Wie satt ich das habe!«

»Bist du das erste Mal mit Rucksack unterwegs?«, frage ich.

»Ja, normalerweise mache ich Tagestouren und da reicht eine Umhängetasche.«

»Dann bist du aber mutig, dass du dich gleich an den Pilgerweg gewagt hast«, sage ich verwundert. Justin hat mir bisher wenig von sich erzählt. Er wirkt verschlossen, hat aber einen hintergründigen Humor und ich unterhalte mich gern mit ihm.

»Ich wandere viel, eben nur nicht mit Rucksack. Als Fotograf bin ich oft in der freien Natur, da finde ich meine besten Motive.«

»Eigenartig, ich habe bisher noch keine Kamera in deiner Hand gesehen«, sage ich überrascht.

»Kannst du auch nicht. Meine Fotoausrüstung liegt zu Hause, in Paris. Ich habe sie absichtlich dort gelassen, weil ich mich durch meinen Beruf nicht vom Pilgern ablenken lassen will. Ich will frei sein von der Pflicht, überall nach dem ultimativen Bild zu suchen.«

»Aus welchem Grund gehst du denn auf Pilgerschaft?«, frage ich nun direkt.

»So einfach kann ich das nicht sagen. Es hat etwas mit meinen Träumen zu tun, mit dem Vergehen der Zeit, dem Älterwerden, mit der Vergänglichkeit, mit dem Wunsch, die Endlichkeit bewusst zu leben.«

»Deshalb der Pilgerweg?«, hake ich nach.

»Ja, seit ich pilgere, sind meine Gedanken klar und hell. Ich kapiere allmählich, wer ich bin und warum manches in meinem Leben so passiert ist und nicht anders.«

Die Impfung

Von Golinhac nach Sénergues, 15 km

Mit Besen und Schäufelchen sammle ich am Morgen »Eseläpfel« und fülle sie in einen Müllbeutel, denn hoch und heilig habe ich Herbergsvater Emile versprechen müssen, absolut nichts im Gras zurückzulassen – und seine Großherzigkeit wollte ich auf keinen Fall enttäuschen. Ich kann nicht sagen, dass die Arbeit mir unangenehm ist. Die Kotballen duften aromatisch nach gepressten Pflanzen und sind fest genug, um sie mit der Schaufel aufnehmen zu können. Die schätzungsweise vier Kilo schwere Sammlung begeistert Emile. Er blickt in den Beutel hinein, schnuppert genüsslich und bedankt sich – er werde mit meines Esels Hinterlassenschaft seine Rosen düngen und zum Erblühen bringen.

Justin schaut grau und zerknittert aus. Er hat eine schlimme Nacht hinter sich. Die Erzieher hatten die Jugendlichen nicht im Griff. Bis tief in die Nacht dröhnte Musik und schon um fünf Uhr in der Früh waren sie aufgestanden, hatten lärmend ihre Sachen gepackt und lautstark gefrühstückt. Justin verabschiedet sich von mir und Choco, macht sich auf den Weg nach Conques. Er fühlt sich aber so schlecht, dass er zweifelt, ob er die 25 Kilometer schaffen wird.

Wieder liegt Nebel über dem Land, aber er steigt schnell auf und ich erwarte einen sonnigen, heißen Tag. Gleich zwei Bäche nacheinander müssen wir überqueren. Es führen zwar Stege hinüber, aber die Geländer stehen für meinen Esel zu eng beieinander. Diesmal lässt sich Choco nicht vergeblich bitten. Er zögert nur kurz, dann watet er hinter mir durch den Bach und das Wasser spitzt ihm hoch bis zum Bauch. Ist sein Vertrauen in mich so gewachsen, dass er mir unbedenklich folgt? Hat er keine Angst, weil er im klaren Bach bis zum Grund sehen kann? Ist es gar der Mangel an Testosteron, der seinen Widerstand erlahmen lässt? Vielleicht wirkt alles zusammen.

Die rotweißen Zeichen des Pilgerweges leiten mich zum Ort Sénergues, der früher abseits der Route lag. Am Ortseingang fällt mir ein dreistöckiges Gebäude mit himmelblauen Fensterläden auf. Es ist die Herberge »Domaine de Sénos«. Die Gemeinde hat das verfallene Bauernhaus restauriert, großzügig ausgebaut und an Isabelle und Benoît verpachtet. Nun ist mir auch klar, warum der Pilgerweg umgeleitet wurde.

Etwas unentschlossen stehe ich vor diesem eindrucksvollen Haus, als mir ein hochgewachsener, schlaksiger Mann entgegenkommt und mich in ein Gespräch über Esel verwickelt. Er selbst habe sieben Tiere und wolle sie mir gern zeigen. Außerdem sei er der Herbergsvater. »Übernachten Sie doch in unserem *gîte*«, fordert er mich auf.

»Und was mache ich mit meinem Esel?«

»Den können Sie bei Maurice unterstellen, der hat eine prima Weide.«

Ich überlege kurz: Bis Conques sind es zehn Kilometer, die würden wir an diesem Tag noch bewältigen, aber ich habe dort keine Herberge mit Platz für meinen Esel ausfindig machen können. Schön wäre auch, mit jemandem zu fachsimpeln, der sich mit Eseln auskennt.

Benoît holt seinen Van und bringt mich auf die andere Seite des Tals zu einer Weide, die er extra für seine Esel von einem Bauern gepachtet hat. Er öffnet das Gatter und sofort sind wir von einer Herde Esel umringt. Sie drängeln und schubsen, jeder will zuerst gestreichelt werden. Stolz wie ein Vater nennt mir Benoît ihre Namen:

»Mondaine, Mirabelle, Kimono ... « und er beschreibt mir ihre Eigenschaften. Jeder Esel habe seinen speziellen Charakter, so wie wir Menschen auch. Mit einer Eselin vollführt er ein zirkusreifes Kunststück: Auf Befehl legt sich das Tier nieder, rollt sich auf die Seite und bleibt vertrauensvoll liegen, selbst als er sich vorsichtig auf den Körper des Esels stellt. Plötzlich fällt mir etwas ein, das ich fast vergessen hätte: Mein Esel muss geimpft werden! Georges Girard hat mir den Impfpass mitgegeben und mir eingeschärft, dass Chocolat unterwegs eine Auffrischung des Impfschutzes gegen Grippe und Tetanus benötigt. Ob Benoît einen Tierarzt kennt?

»Aber klar doch!«

Sofort ruft er mit dem *portable* den Tierarzt an und es vergeht keine halbe Stunde, bis Jacques Tabardel mit seinem Impfköfferchen erscheint. Zu dritt gehen wir Chocolat auf der weitläufigen Weide suchen.

Wie Kinder sich manchmal fürchten, sobald sie einen Doktor im weißen Kittel sehen, so bäumt sich mein Esel auf und verdreht die Augen. Dabei trägt der *vétérinaire* weder einen weißen Kittel, noch wirkt er sonst irgendwie beängstigend. Woher weiß Choco nur, dass er gepikst werden soll? Benoît und ich halten ihn fest und der Tierarzt nähert sich mit der Spritze. Doch der kleine Esel ist viel stärker als wir zwei zusammen. Er reißt sich los und stürmt davon. Bald habe ich ihn wieder eingefangen, binde ihn an einen Baum und kraule beruhigend seinen Hals. Docteur Tabardel weiß, wie man mit einem ängstlichen Esel umgehen muss. Er spricht mit einschmeichelnder Stimme auf ihn ein, streicht ihm sanft übers Fell und sticht die Nadel so gefühlvoll ein, dass Choco nicht einmal zuckt.

Ich erzähle dem Arzt von der Kastration und er bestätigt mir, dass die Hormone noch monatelang nachwirken. Warum Choco plötzlich nicht mehr verrückt nach Pferden ist, weiß er nicht zu deuten, und scherzt: »Vielleicht entsagt er freiwillig der Sünde, weil er auf dem heiligen *chemin de St. Jacques* geläutert wurde.«

Am Abend sitze ich mit Benoît und seiner Frau Isabelle bei einem Glas Rotwein vor dem Kaminfeuer. Ich bin heute ihr einziger Gast. Am Tag zuvor hatten sie eine Gruppe von 25 Personen, für die Isabelle ein dreigängiges Menü kochen musste. Mit ihren schwarzen Locken wirkt sie wie ein junges Mädchen. Nie hätte ich vermutet, dass sie Mutter von vier Kindern ist, zwei Jungen und zwei Mädchen, wie sie stolz betont. Der Älteste sei ihr schon über den Kopf gewachsen, was ich gern glaube, denn Isabelle ist zierlich und reicht ihrem Mann kaum bis zur Schulter. Doch man spürt sofort, dass die energiegeladene Person genau weiß, was sie will, und es auch versteht durchzusetzen. Beide haben vorher in einem Heim für behinderte Kinder gearbeitet, nun wollen sie sich mit der Wanderherberge eine neue Existenz aufbauen.

Isabelle stellt mir die Frage, die ich sonst die anderen beantworten lasse: »Aus welchem Grund pilgerst du?«

»Ich will Erfahrungen sammeln«, weiche ich aus.

Doch Isabelle, energisch wie sie ist, gibt sich mit solch diffuser Antwort nicht zufrieden.

»Da muss doch mehr dahinter stecken«, bohrt sie weiter.

Da berichte ich von meiner ersten Pilgerreise durch Spanien, von diesem einzigartigen Erlebnis, das mich seitdem nicht losgelassen hat und den Wunsch wach hielt, zurückzukehren, meine Erfahrungen zu vertiefen und den französischen Teil des Pilgerwegs kennen zu lernen.

»Warum aber mit einem Esel?«, will sie jetzt wissen.

»Wie wichtig Chocolat für mich ist, habe ich erst unterwegs richtig begriffen. Er motiviert mich, diese weite Strecke durchzuhalten, und eigentlich ist er es, der mich führt, nicht umgekehrt. Mit ihm erlebe ich alles doppelt, aus meinem und aus seinem Blickwinkel.

Er ist wie ein Lehrer für mich, der mich auf vieles aufmerksam macht, was ich ohne ihn gar nicht bemerken würde, da er sensiblere Sinnesorgane hat als wir Menschen. Andererseits muss ich für ihn sorgen, bemühe mich um sein Wohlergehen, dadurch fixiere ich mich weniger auf mich selbst, bin abgelenkt von schlechten Stimmungen. Jedenfalls zusammen mit ihm habe ich immer gute Laune.«

Isabelle stimmt mir lachend zu: »Ja, das kann ich von mir auch sagen. Unsere Esel würden wir nicht mehr hergeben wollen.«

»Einmal Esel – immer Esel«, bringt es Benoît auf die kürzeste Formel.

Es ist Mitternacht, als wir uns trennen. Beim Blick aus dem Fenster sehe ich den Mond, wie er goldgelb am Horizont erscheint. Rund und prall strahlt er in mein Zimmer, von Wolkenschleiern zart umspielt.

Die gestohlene Märtyrerin

Von Sénegues nach Conques, 10 km

Gallien, das heutige Frankreich, war von den Römern besetzt. Wer sich weigerte, ihre Götter anzubeten, wurde zur Zeit von Kaiser Diokletian gnadenlos verfolgt. Garadezu lebensgefährlich war es, sich zum Christentum zu bekennen. Fides, die Tochter einer wohlhabenden, gallorömischen Familie, widersetzte sich dem Dekret und ließ sich taufen. Ihr Schicksal erfüllte sich schnell. Der römische Prokonsul Dacius, als unerbittlicher Christenhasser gefürchtet, verurteilte die junge Christin zum Tod. Zuerst sollte die Kleine den Feuertod auf dem Rost sterben wie der heilige Laurentius. Weil aber die Flammen sie verschonten und zur Seite wichen, schlug ihr der Henker mit dem Schwert den Kopf ab. Ihre Seele verwandelte sich in eine weiße Taube und stieg hinauf in den Himmel. So geschehen im Jahr 303.

Fides war erst zwölf Jahre alt, als sie sterben musste. Weil sie so jung für ihren Glauben den Tod auf sich nahm, erregte ihr Schicksal das Mitleid und die Fantasie der Menschen. Und noch heute gedenken sie der Heiligen mit einem festlichen Umzug am Tag ihrer Hinrichtung, dem 6. Oktober.

Fantastische Wunderberichte rankten sich um die heilige Fides oder Foy, wie sie in Frankreich genannt wird. Doch es vergingen 700 Jahre, bis Bernard d'Angers, ein Dommeister, alle mündlichen Überlieferungen sammelte und im »Buch der Wunder der heiligen Fides« verewigte. Nach dieser langen Zeitspanne war es nahezu unmöglich, die historische Wahrheit von der Legende zu trennen, und so weiß man auch nicht, wie weit die Geschichte vom Diebstahl der

Reliquie stimmt, die der Dommeister ebenfalls in seinem Buch aufgenommen hat. Sie handelt davon, wie die Gebeine der Fides von Agen, ihrem Geburts- und Sterbeort, nach Conques kam.

Im 9. Jahrhundert gründete ein Mönch namens Dadon im einsamen Tal von Ouche und Dourdou ein Benediktinerkloster. Die beiden Flüsse haben dort einen muschelförmigen Talgrund geformt, deshalb der Name Conques, abgeleitet vom lateinischen Wort *concha*, die Muschel. Das Kloster stand unter dem Schutz der Karolinger, wie alte Kirchenurkunden beweisen, in denen die fränkischen Könige und Kaiser als Wohltäter bezeichnet werden. Trotz dieser Gunst blieb der Aufschwung aus, denn zu jener Zeit hatte ein Kloster ohne Reliquie keine Chance, zu Ruhm und Bedeutung zu gelangen. Da fiel der begehrliche Blick des Abts auf die heilige Fides von Agen. Ein Mönch namens Aravisius wurde auserwählt, den Plan in die Tat umzusetzen. Er ließ sich in Agen als scheinbar gottesfürchtiger Priester nieder und erschlich sich das Vertrauen der Einwohner und Geistlichen. Zehn Jahre dauerte es, dann war er am Ziel seiner Mission – er wurde zum Wächter der Reliquie ernannt.

Ob Aravisius in diesen langen Jahren nicht manchmal Zweifel heimsuchten? Hatte er keine Gewissensbisse, die Menschen, die ihm vertrauten, zu betrügen? Darüber sagt die Legende nichts aus. Listig wartete er ein hohes Kirchenfest ab und als die Kleriker sich zum Festmahl versammelten, öffnete Aravisius heimlich das Marmorgrab und nahm die Knochen der kleinen Fides an sich. Die Nachricht vom gelungenen Diebstahl eilte ihm auf wundersame Weise voraus. Vor Freude strahlend kamen ihm Abt und Mönche von Conques in feierlicher Prozession entgegen und Agen hatte für immer das Nachsehen. Seit dem Jahr 883 bis heute werden die Gebeine der Sainte-Foy in Conques verwahrt.

Der Himmel schien das »fromme Verbrechen« zu billigen, denn zahlreich waren die Wunder, die Fides in Conques seitdem bewirkte: Sie befreite Gefangene, heilte Kranke, machte Blinde sehend und ließ Lahme gehen. Aus allen Himmelsrichtungen strömten Gläubige herbei, und die Pilger, auf ihrem Weg zum Jakobsgrab, versäumten nicht, hier zu beten.

Wem dieser Reliquiendiebstahl zu unwahrscheinlich, zu exotisch erscheint, wird sich mit einer mehr pragmatischen Version anfreunden können: Da zu jener Zeit die Normannen weit ins Landesinnere vorstießen, dabei raubten, mordeten und plünderten, vergrub man eiligst die Kirchenschätze oder brachte sie an einen sicheren Ort. Vielleicht auch die Überreste der heiligen Fides, zumal Agen an der Garonne liegt und für die Normannen mit ihren wendigen Schiffen leicht zu erreichen war.

Für die Mönche aber hatte sich ein Traum erfüllt: Conques wurde berühmt und reich! Schon 1050 musste ein größeres Gotteshaus gebaut werden, weil die bisherige bescheidene Klosterkirche die zahlreichen Besucher nicht mehr fassen konnte. Stolz beauftragten die Mönche berühmte Baumeister und Steinmetze mit dem Entwurf einer der prächtigsten romanischen Basiliken jener Zeit.

Allmählich aber versiegte der Pilgerstrom und das in den Bergen schwer erreichbare Conques büßte seine Bedeutung als Wallfahrtsort mehr und mehr ein. Im Jahr 1424 wurde der Konvent sogar aufgelöst und nur noch wenige Gläubige besuchten die einst berühmte Klosterkirche zum Gottesdienst. Von Jahrhundert zu Jahrhundert verfiel die Kirche immer mehr und im 19. Jahrhundert war sie in einem absolut desolaten Zustand: die Türme halb abgebrochen, das Dach durchlöchert, die Mauern von Gras und Büschen überwuchert. Die romanische Abteikirche Sainte-Foy schien unaufhaltsam dem Untergang geweiht. Doch gerade noch zur rechten Zeit begann eine Renaissance, ein Umdenken. Alte Bauwerke wurden plötzlich wieder geschätzt. Prosper Mérimée initiierte die Rettungsarbeit und heute sind die Franzosen zu Recht stolz auf ihr *monument national.*

Mit diesen Geschichten und Legenden im Kopf beginne ich mit dem Abstieg von Sénergues nach Conques. Der Pfad ist feucht, der Wald dunkel und die Bäume sind mit Efeu bewachsen. Wie grüner Pelz hängen Luftwurzeln und Kletterpflanzen von Ästen und Zweigen. Nur selten ertönt ein Vogellaut.

Für Chocolat ist der Abstieg schwierig, aber endlich habe ich gelernt, ihm zu vertrauen, dirigiere ihn nicht mehr ängstlich, sondern überlasse die Wegfindung ihm ganz allein. Seine Augen wandern hin und her, sondieren den Boden, und wenn er dann seine Hufe aufsetzt, stehen sie fest und sicher.

Zwischen dem Blätterdach unter uns tauchen die spitzen Helme von drei Kirchtürmen auf. Der Weg fällt weiter steil bergab und allmählich schälen sich aus dem Grün die Mauern eines Kirchenschiffs und die gestaffelten Dächer der Häuser ringsum. Eng an die Flanke des tiefen Waldtals gedrängt, liegen das Städtchen Conques und die Abteikirche Sainte-Foy.

Auf einer abschüssigen, mit braunen Flusskieseln gepflasterten Gasse betrete ich andächtig den heiligen Ort. Die Art meiner Fortbewegung zu Fuß und mit Esel weckt in mir das Gefühl, der Vergangenheit zu begegnen. Die engen, steilen Gassen mit ihren aus rohen Feldsteinen gemauerten Häusern vermitteln noch heute die Atmosphäre einer mittelalterlichen Stadt.

Nach einer Straßenbiegung öffnet sich unvermittelt ein Platz – und ich stehe vor dem Portal. Mir stockt der Atem. Im Tympanon, dem Bogenfeld über dem Eingang, fesselt mich ein Bilderwerk, plastisch und figurenreich, wie ich keines zuvor gesehen habe. Auch Fotos konnten mich nicht wirklich darauf vorbereiten. Der Eindruck ist überwältigend. Wie gebannt schaue ich und kann Einzelheiten zuerst gar nicht wahrnehmen. Das Relief wirkt auf mich wie ein aufgewühltes Meer voller Figuren, die miteinander verschlungen, ineinander verknäult sind. Erst allmählich erschließt sich mir, dass die Figurenflut gegliedert und durch Spruchbänder mit mahnenden und erläuternden Inschriften in einzelne Zonen geteilt ist.

In der Mitte thront Gott als Weltenrichter in einer Mandorla aus Wolken und Sternen. Über ihm halten Engel das Kreuz als Zeichen des Leids und der Auferstehung. Zwei Engel blasen die Posaune und verkünden das Jüngste Gericht. Die rechte Hand Gottes weist nach oben, die linke nach unten – eine zwingende Geste, mit der die Trennung in oben und unten, Gut und Böse, Himmel und Hölle vollzogen wird.

Über 120 Figuren sind abgebildet und veranschaulichen christliche Weltvorstellung und Heilsgeschichte, mittelalterliche Moral und den unerschütterlichen Glauben, dass eines Tages gute Taten belohnt und böse bestraft werden.

Vom Bann dieser Erzählung komme ich so schnell nicht los. Grabplatten heben sich und Verstorbene steigen heraus. Die einen werden von Engeln empfangen und durch eine Tür mit abgerundeten Verzierungen ins Paradies geleitet. Die Tür zur Hölle dagegen ist eckig und kantig. Die Sünder werden von Teufeln geschlagen, gewürgt, gehängt, verschlungen, in Stücke gerissen, am Spieß geröstet, Zungen werden abgeschnitten und Augen ausgestochen. Die Teufel grinsen dazu, blecken die Zähne und glotzen hämisch. Diese Darstellungen des Schreckens lassen mich schaudern, weil ich weiß, dass Menschen immer wieder fähig waren, sich diese Grausamkeiten auch wirklich zuzufügen.

Auf der Seite der Guten ist unter vielen anderen Karl der Große zu sehen. Von einem Geistlichen an der Hand geführt, stellt er nicht den mächtigen Kaiser dar, sondern vielmehr einen devoten Büßer, der sich bückt und krümmt. Auch Fides, die zwölfjährige Märtyrerin, fehlt natürlich nicht. Zweifelsfrei ist sie die Auserwählte, denn die göttliche Hand streckt sich ihr entgegen. Aravisius, der »fromme Dieb«, versteckt sich im äußersten Winkel des Bogenfeldes – selbstverständlich auf der Seite der Gerechten.

Vor 900 Jahren hat der Künstler dieses Werk aus Stein geschaffen. Sein Name ist nicht überliefert, aber der urgewaltigen Wirkung seiner Schöpfung kann sich bis heute niemand entziehen. Ursprünglich war das Relief bunt bemalt und mit Blattgold ausgelegt, was die Pilger des Mittelalters um so mehr staunen ließ. Obwohl das Kunstwerk über Jahrhunderte der Witterung ausgesetzt war, sind noch immer Farbspuren zu erkennen.

Über dem Tympanon spannt sich ein steinerner Bogen und wie hinter einem Vorhang lugen fünfzehn Gesichter hervor. Eine humorvolle Idee des Künstlers, ein pfiffiges Detail, das die bedeutungsschwere Aussage des Jüngsten Gerichts auflockern soll. Neugierig lüften diese kleinen Männlein den Steinvorhang, als wollten sie sehen, wer in die Kirche hineingeht. Der Bildhauer könnte mit dieser Darstellung aber auch etwas ganz anderes gemeint haben, kommt mir plötzlich in den Sinn. Vielleicht soll der Steinbogen gar kein Vorhang sein, sondern den Horizont versinnbildlichen, und die Figuren wagen einen Blick über den Erdenkreis hinaus, jenseits der Grenzen des uns Bekannten und Vertrauten.

Mit großem Respekt betrete ich das Innere der Kirche. Sofort überrascht mich die Raumhöhe des Längsschiffs. Die Höhe von 22 Meter entspricht dreimal der Breite der Kirche, wodurch sich die unerwartete Höhenwirkung verstärkt. Durch die Fenster mit ihrem opaken Glas fällt sanftes Licht. Das dunkel eingefasste milchweiße Glas wirkt stilvoll und edel. Die Schönheit dieser Fenster ist nicht selbstbezogen, wie mir scheint, sondern lenkt die Aufmerksamkeit auf wundersame Weise in den Kirchenraum zurück.

Die Aufgänge zu den Emporen sind leider verschlossen, was ich sehr bedaure, denn von unten kann ich die Fabelwesen an den Säulenkapitellen der oberen Galerien nur erahnen.

Mein Quartier beziehe ich außerhalb von Conques in der »Moulin de Cambelong«, einer ehemaligen Mühle im Talgrund am spritzigen Gebirgsfluss Dourdou. Am Tor zum Mühlen-Hotel treffe ich auf einen jungen Mann in knapp sitzendem weißem Jäckchen und kurzer Schürze. Mit Pagenfrisur und rotbackigem Jungengesicht könnte er der Küchenjunge sein.

»Wissen Sie vielleicht, wo ich meinen Esel unterbringen kann?«, frage ich.

»Klar, ich bin hier für alles zuständig, wenn es sein muss, auch für Esel«, scherzt er, greift sich ohne Umstände die Leine und öffnet für Choco das Gatter eines verwilderten Gartens. Erst später klärt sich auf: Der »Bursche für alles« ist Chef Hervé Busset höchstpersönlich, in der Gegend berühmt für seine Kochkünste.

Am späten Nachmittag spaziere ich noch einmal nach Conques hinauf, besichtige die Rochus-Kapelle, den Friedhof und das Schatzmuseum, das den größten mittelalterlichen Kirchenschatz Frankreichs beherbergt. Viel Wertvolles ist in Frankreich durch Revolution und Säkularisierung für immer vernichtet worden. Nur im damals vergessenen Bergwinkel Conques blieben die Schätze unangetastet, vor allem die berühmte Statue »Majesté de Sainte-Foy«, der Reliquienbehälter der Fides.

Die Figur ist kaum einen Meter groß und zeigt Fides auf einem Thron sitzend, in Gold und Edelsteine gewandet, steif und unnahbar. Bevor sie ins Museum kam, stand die Figur in der Abteikirche und jeder konnte sie bewundern und zu ihr beten. Bernard d'Angers, der auch die Legenden über die heilige Fides sammelte, schrieb im Jahr 1010: »Ganz in Gold und von edlen Steinen funkelnd, einer menschlichen Figur ähnlich, scheint es dem Betrachter, als ob sie ihn ganz und gar lebendig anschaue und seine Gebete erhöre.«

Auf mich dagegen wirkt die Statue in ihrer prachtvollen Selbstgefälligkeit eher plump, obwohl sie als Meisterwerk mittelalterlicher Goldschmiedekunst gerühmt wird. Als ich jedoch lese, was Wissenschaftler herausgefunden haben, interessiere ich mich doch wieder für sie: Die einzelnen Teile der Figur sind unterschiedlich alt. Der mit Goldblech überzogene hölzerne Rumpf stammt aus dem 9. Jahrhundert, die Bergkristallkugeln des Thrones waren im 14. Jahrhundert angebracht worden und die steif vorgestreckten Arme entstanden im 16. Jahrhundert. Der Kopf – und das war die größte Überraschung – saß ursprünglich auf der Büste eines römischen Kaisers, vielleicht sogar desjenigen, der die kleine Fides zum Tod verurteilt hatte.

Über das Pflaster der Rue Charlemagne gehe ich durch die Porte du Barry und freue mich an den verwinkelten Häusern, von denen jedes seinen eigenen Charakter hat. Ein Ehepaar begegnet mir, der Mann trägt eine Baskenmütze, die Frau ein geblümtes Kleid. Lächelnd erwidern sie meinen Gruß und fragen: *»Vous êtes en pèlerinage?«*

»Ja. Wieso? Sieht man mir an, dass ich eine Pilgerin bin?«

»Im Moment nicht so sehr, aber wir haben Sie vorhin mit einem Esel gesehen.«

Die beiden wohnen hier und befragen mich wissbegierig nach Woher und Wohin. Ich freue mich über das unerwartete Gespräch, und als ich mich von den beiden verabschiede, ruft mir der Mann nach: »Wir alle sind auf dem Weg. Sie pilgern nach Santiago. Wir gehen auf unserem Weg weiter, auch wenn wir Conques gar nicht verlassen. Alle sind wir unterwegs auf einer großen Pilgerreise und das Leben ist der Weg.«

Choco reißt aus

Von Conques nach Decazeville, 23 km

Dunkle Wälder, tiefe Schluchten, sonnige Hochebenen, steile Pfade, enge Brücken und immer wieder Wasserläufe, die wir durchwaten müssen. Schritt um Schritt durchmessen wir das Land. 212 Kilometer ist Chocolat in 17 Tagen mit mir durch Frankreich gezogen, ein Drittel der Gesamtstrecke liegt hinter uns. Im Rückblick summieren sich die vielen kleinen Schritte zu einer erstaunlichen Distanz. Wie wird es weitergehen?

Vom Hotel »Moulin de Cambelong« im Talgrund ist es nicht weit zu einer Steinbrücke, die den Dourdou überwölbt. Die Einheimischen nennen sie »Römische Brücke«. Mag sein, dass ihre Fundamente aus der Zeit der Römer stammen, doch ihre hohen Bögen wurden erst 1410 gemauert.

Am jenseitigen Ufer steigen wir wieder in die Höhe, wandern durch Buchen- und Kastanienwälder. Lianengleich hängen Ranken der Waldrebe im Geäst und Efeu umklammert die Baumstämme. Der Wald geht allmählich über in eine lichte Hochebene. Am Feldrain blühen blaue Kornblumen und roter Mohn. Auf sonnenwarmen Steinen liegen Smaragdeidechsen und huschen davon, sobald unser Schatten auf sie fällt.

Vom Rand des Gebirgsplateaus blicke ich zurück ins Tal, wo im Dunst verborgen Conques liegt. Aus dem sonnenbeleuchteten Nebelmeer ragen einzelne Bergrücken und Gipfel hervor, in der Ferne, kaum noch erkennbar, die Höhen des Aubrac unter einem Himmel mit dramatisch geformten Wolken. Der Wind reißt sie auseinander und fügt sie zu immer noch wilderen Figuren zusammen.

Unser Erscheinen in den Ortschaften wird von den Bewohnern immer freudig begrüßt. Manchmal kommen Kinder mit Brot und Mohrrüben für Chocolat und wollen ihn streicheln. Großeltern erklären ihren Enkeln: »*Regardez*, eine Pilgerin mit Esel auf dem *chemin de St. Jacques.*« Und selbst über die müden Gesichter der alten Bauern huscht ein Lächeln.

Mittags erreichen wir wieder eine Kapelle des heiligen Rochus. Die lebensgroße Statue mit Muscheln am Hut, Pilgerstab und Kalebasse lässt zwei Pilgerinnen schwärmerisch ausrufen: »Oh, wie schön! Der heilige Jakob!« Die Pestbeule am entblößten Bein und den Hund zu seinen Füßen haben sie übersehen. Rochus, der nach Rom pilgerte und zeitlebens nie in Santiago war, wird dennoch oft mit den Insignien der Jakobs-Pilger dargestellt.

Das breite Vordach der Kapelle biete Schutz bei Regenwetter, so steht es im Führer, und wie bestellt setzt ein heftiger Schauer ein. Mein Esel muss sich entscheiden, nass zu werden oder die Stufen zur Kapelle hochzusteigen. Er findet eine dritte Lösung: Unter tropfenden Bäumen wartet er das Unwetter ab – mit tief hängendem Kopf.

Der Regen schenkt mir Muße, im Gästebuch der Kapelle zu lesen. Ein Pilger, der von Tübingen durch den Schwarzwald, die Vogesen und Burgund wanderte, hatte hier nach 1300 Kilometer erst die Hälfte der Strecke nach Santiago geschafft. Die Sätze des 84. Psalm stärkten ihn und er zitiert: »Glücklich, denen Du Kraft gibst, wenn sie auf dem Weg sind zu Dir, wenn sie durch das trockene Tal ziehen, das Tal der Angst. In der Wüste lässt Gott für sie Quellen rinnen und Regen fallen, dass es blüht wie im Garten. Sie wandern mit wachsender Kraft, bis sie Gott finden auf dem heiligen Berg.«

Ein anderer hat geschrieben: »Wir sind alle Pilger. Auf verschiedenen Wegen erreichen wir ein gemeinsames Ziel.«

Dieser Eintrag könnte gut ein Motto sein für alle Jakobs-Pilger. Doch beim Nachdenken gerate ich in Zweifel. Ist es nicht gerade umgekehrt? Sind wir nicht auf dem gleichen Weg unterwegs und gelangen zu unterschiedlichen Zielen? Wie es fast immer ist mit griffigen Sprüchen – sie stimmen nicht. Beginnt man sie zu zerpflücken, verlieren sie ihre Kraft und Schönheit. Allerdings, wenn mit »Ziel« das Ende des Lebens gemeint ist, dann hatte der Schöpfer der Zeilen durchaus Recht.

Kaum hat es aufgehört zu regnen, steigen Lerchen in den blank gefegten Himmel. Sengend brennt die Sonne herab und die Wiesen beginnen zu dampfen. Nur selten noch sehe ich Kuhherden auf dem grünen Land, das Gras wird hier gemäht und in Kunststoffhüllen gepresst. Wie urzeitliche Wesen liegen die Ballen in der Gegend herum, bevor sie in die Mastbetriebe geschafft werden.

Wir müssen eine längere Strecke auf einer Straße gehen. Was uns beiden gar nicht gefällt. Seinen Missmut demonstriert Choco, indem er mit winzigen Schrittchen sich kaum vorwärtsbewegt. Sorgen, dass er sich die Hufe auf dem harten Straßenbelag ablaufen könnte, mache ich mir nicht mehr. Der Tierarzt hatte mich beruhigt und mir gezeigt, dass Chocos Hufe noch einige Zentimeter Reserve haben.

Hinter dem Dorf Fonteilles biegen wir endlich wieder in einen Wiesenweg ein, wie immer geleitet von den weißroten Markierungen und der Pilgermuschel. Der nächste Ort ist Decazeville, eine Industriestadt an der *route nationale 140*. Es wäre schon ein Zufall, dort einen Übernachtungsplatz mit einer Weide für Chocolat zu finden. Also außerhalb der Stadt im Freien schlafen? Schlecht, denn schon braut sich wieder ein gewaltiges Gewitter am Horizont zusammen. Und bis Livinhac, wo sich ein *gîte* befindet, werden wir es an diesem Tag bestimmt nicht schaffen.

Gründlich studiere ich deshalb die Karte und Choco darf so lange an Pflanzen naschen. Zwar habe ich mir fest vorgenommen, ihn nie unangebunden stehen zu lassen, aber nachdem es am Weg weder Baum noch Pfosten gibt, hänge ich das Führungsseil locker über den Sattel und denke, Choco wird sich schon mit seiner Lieblingstätigkeit, dem Fressen, beschäftigen.

Während ich im Adressenverzeichnis der Pilgerherbergen blättere, hat Chocolat aber eine Idee. Ihn lockt ein frisch gepflügtes Feld in der Nähe. Aus den Augenwinkeln sehe ich, wie er Vorder- und Hinterbeine einknickt und sich auf den Bauch plumpsen lässt. Ich kann mir zu gut vorstellen, was jetzt passieren wird: Samt Gepäck will er sich in der vom Regen aufgeweichten Ackererde wälzen. Mir bleibt nur noch Zeit für einen hysterischen Schrei, um ihn von seinem Vorhaben abzubringen. Meine heftige Reaktion jagt ihm einen gehörigen Schrecken ein. Er rappelt sich schnell auf, macht ein paar Sprünge und galoppiert davon. Die Bewegung bereitet ihm sichtlich Spaß. Schluss mit dem langweiligen Wandern, scheint er zu denken, jetzt erobere ich mir die Welt! Leichtfüßig wie eine Antilope springt er dahin. Das Gepäck hüpft auf und nieder, als sei es federleicht. Bald sehe ich nur noch seine Ohren über die Grashalme spitzen. Eine Verfolgungsjagd beginnt – für meinen Esel die reinste Freude. Wird die Distanz zwischen uns größer, drosselt er sein Tempo. Habe ich aufgeholt, legt er wieder zu. Er galoppiert und ich keuche. Ein, zwei Kilometer geht es so dahin und ich fürchte schon, ich werde ihn nie einholen, da hat er ein Einsehen und bleibt unvermittelt stehen.

Die Schlechtwetterfront holt uns ein und wir wandern im Regen weiter. Ein Bewohner von Le Combe weist mir den Weg zu einem etwas abseits gelegenen *gîte*. Ich bin unschlüssig, denn im Pilgerführer wird diese Herberge nicht erwähnt. Schließlich riskiere ich es und folge dem Rat. Bald bereue ich meinen Entschluss, denn die Landstraße windet sich kilometerweit vom Höhenzug hinunter ins

Tiefland. Nirgendwo sehe ich ein weiteres Hinweisschild und wir kommen Decazeville immer näher. Wieder bergauf zu unserem Weg zu gehen, dazu ist es jetzt zu spät. Schon tauchen die ersten Häuser der Industriestadt auf, wohin ich absolut nicht wollte. Nun bleibt mir nichts anderes übrig, als ausgerechnet hier eine Unterkunft für mich und Chocolat zu finden.

Schon zur Zeit Napoleons wurden in Decazeville Kohle und Eisen im Tagebau gewonnen. Einer seiner Minister, Herzog Decaze, nach dem der Ort benannt ist, hatte die wirtschaftliche Entwicklung angekurbelt. Die Grube »La Découverte« mit ihren abgestuften Terrassen und riesigen Abraumhalden sieht aus wie eine Wunde, die man in die Landschaft geschlagen hat.

Am Rand einer schnurgeraden Schnellstraße laufen wir durch öde Vororte. Der Straßenbelag glänzt regennass, die Reifen der Fahrzeuge dröhnen und die Scheinwerfer blenden uns. Überall Häuser und Straßen, nirgendwo ein Fleckchen Grün. Aus dem Himmel schüttet es auf uns herab. Ergeben trottet mein Esel neben mir her. Aber wie lange noch? In mir wächst die Furcht, er könnte es bald leid sein und sich nicht mehr vom Fleck rühren.

Endlich erreichen wir das Stadtzentrum. Wie befürchtet, hat die Pilgerherberge der Pfarrgemeinde keinen Platz für Choco. Weiter geht es durch den Feierabendverkehr. Menschen strömen in die hell erleuchteten Geschäfte und drängen mit prallen Taschen wieder heraus. Die Bürgersteige sind verstopft und die Straßen voll parkender und fahrender Autos, Stoßstange an Stoßstange. Müde und genervt kämpfen wir uns durch das Gewühl. Plötzlich wird der Gehsteig von unten mit hunderten von Strahlern beleuchtet. Choco erschrickt und weigert sich, über diesen Teufelsspuk zu gehen. Trotz meiner Angst vor den Autos muss ich mit ihm auf die Straße ausweichen. Völlig unerwartet für mich, nehmen die Autofahrer Rücksicht und zockeln langsam hinter uns her.

Endlich – wir haben Decazeville von einem Ende zum anderen durchquert – sehe ich an einem der letzten Häuser ein Schild: »Hôtel Foulquier«. Der Wirt hat noch ein Zimmer frei und hinter den Garagen liegt ein verwilderter Garten, das ideale Quartier für Choco. Auch der Regen hat aufgehört.

Ende gut, alles gut – diesmal ist der Spruch zutreffend. Mein ausgehungerter Esel stürzt sich aufs Futter und hält mit Fressen nicht eher inne, bis er kugelrund wie eine dicke Schwarzwurst im Gras niedersinkt.

Im Zeichen von Kreuz und Muschel

Von Decazeville nach Guirande, 15 km

Auf dem Pilgerweg gibt es Wegweiser in vielfältiger Form. Da sind die schon erwähnten rotweißen Farbmarkierungen, aber auch von Privatleuten und Wandervereinen aufgestellte Tafeln aus Holz, Stein oder Keramik weisen hilfreich den Weg. Manche dieser tröstlichen Zeichen sind verblichen, andere wieder strahlen in frischer Farbe. An Dorfbrunnen hängen Schilder, *eau potable*, als Hinweis, dass die Pilger das Wasser unbeschadet trinken können.

Ungezählt sind die Kreuze an Feldrainen, an Straßenböschungen, am Waldweg und vor Ortschaften. Aus Stein oder Metall gefertigt, gleicht keines dem anderen. Auf ihren Sockeln bemerke ich viele Steinchen, manchmal sogar verwelkte Blumensträuße. Niemand geht an diesen Kreuzen unachtsam vorbei. Unwillkürlich fühlt man sich aufgefordert innezuhalten. Die meisten heben einen Stein auf und legen ihn unter das Kreuz. Sich nach einem Stein zu bücken, ihn mit den Fingern zu umschließen und ihm mit der Wärme der Hand geheime Wünsche, Hoffnungen, Sehnsüchte zu übergeben, ihn schließlich in die Masse der anderen zu legen, ist ein persönliches und zugleich anonymes Zeichen. Meine Steine sind jetzt an diesem und jenem Kreuz, wo, weiß nur ich allein. Für mich ist es eine seltsam archaische Geste, ähnlich einem magischen Ritual.

Ich erinnere mich an das *cruz de ferro* am Rabanalpass in Spanien, ein vier Meter hohes Eisenkreuz, von dem nur noch die oberste Spitze aus einem mächtigen Steinhaufen herausragt. Jeder vorbeiziehende Pilger fügt seinen Stein zu den unzähligen Steinen hinzu, die sich dort seit Jahrtausenden häufen. Wie alt dieser Brauch ist, weiß niemand genau zu sagen. Bei vielen Völkern und Kulturen gelten Ansammlungen von Steinen als heilige Plätze, wie Mani-Mauern in buddhistischen Ländern und Owoo-Kultstätten in der Mongolei. Auch bei modern geprägten Menschen rühren Steine an verschüttete Erinnerungen und wecken mystische Empfindungen.

Aber das eigentliche Zeichen der Jakobspilger, das Signum, das nur ihnen gehört, ist die Muschel, genannt *pecten jacobaeus,* die Jakobs-Muschel. Legenden verbinden dieses Meerestier aus dem Atlantik mit dem Heiligen. Als die Jünger mit seinem Leichnam an Bord nach Sturm und schwerem Wellengang glücklich das Land erreichten, war ihr Schiff über und über mit Muscheln bedeckt. Fortan galt die Muschel als Symbol für die Rettung aus höchster Not.

Pilger, die vom Grab des heiligen Jakob nach Hause zurückkehrten, brachten Muscheln von der Altlantikküste mit, um zu beweisen, dass sie tatsächlich in Santiago de Compostela gewesen waren. Sie gaben sie weiter an diejenigen, die sich nach ihnen auf den Weg machten. An Hut und Mantel genäht, konnte nun jeder sofort erkennen, dass es echte Jakobspilger waren, die ihnen begegneten. Und so ist es Brauch geblieben, bis heute. Es vergeht kein Tag, an dem ich nicht diese Muscheln sehe: in Kirchen und Kapellen, an Brunnen, Pforten und Türen, an Bäumen und Mauern, an den Rucksäcken der Pilger und an den Wänden der Herbergen.

Es fällt mir nicht schwer, die Industriestadt Decazeville zu verlassen. Nach mühseligem Auf und Ab über glitschige Waldpfade stehen wir wieder einmal an den Ufern des Lot. Ich frage nach einer Hängebrücke, die laut Pilgerführer zur anderen Seite des Flusses führt. Die Auskunft, sie sei wegen Baufälligkeit seit Monaten gesperrt, befreit mich von der Sorge, ob Choco es gewagt hätte, eine frei schwingende Hängebrücke zu betreten. Über eine moderne Brücke glangen wir problemlos nach Livinhac.

Hinter der Stadt geht es wieder steil die Hänge hinauf nach Montredon, einem malerisch gelegenen Ort, den die Michaelskirche überragt. Ringsum dehnt sich eine sanft geschwungene Landschaft mit Getreidefeldern, Wiesen, Hecken, Eichenhainen und Kastanienwäldern. Auf kleinen Sträßchen wandern wir in guter Stimmung dahin. Am blauen Himmel über uns bilden sich schneeweiße Haufenwolken, die sich immer höher türmen.

Als Nachtquartier habe ich mir diesmal einen Gutshof in der Nähe des Dorfes Guirande ausgesucht. Am frühen Nachmittag treffen wir ein und werden wiehernd von Pferden begrüßt. Schwarz, weiß, dunkelbraun, fuchsrot, fahlgelb und gescheckt stehen sie am Koppelzaun, tänzeln affektiert und versuchen, meinen Esel zu reizen. Doch der lässt sich nicht beeindrucken. Er bläht zwar die Nüstern und schnuppert, scheint zu überlegen – doch gleichmütig wendet er sich ab. Seine Ruhe stimmt mich traurig; lieber würde ich weitere Kämpfe mit ihm ausfechten, als ihn seiner Triebe beschnitten zu erleben.

Die *ferme* soll ein Geheimtipp für Individualisten sein. Normalerweise bin ich auf meinen Reisen nicht wählerisch und überhaupt nicht anspruchsvoll, aber der ehemalige Viehstall, den mir der Verwalter als Unterkunft anbietet, ist mehr als gewöhnungsbedürftig. Mit Argwohn betrachte ich die aufeinander gestapelten stählernen Bettgestelle. Nach mir treffen noch drei weitere Pilger ein, die sich von einem »Leben im Stall« auf durchgelegenen Matratzen nicht abschrecken lassen.

Heute bleibt mir viel Zeit, ausführlich Tagebuch zu schreiben, und am Abend komme ich mit Maurice, einem Pilger aus Straßburg, ins Gespräch. Auf einer Bank unter Apfelbäumen genießen wir die frische Luft und den weiten Blick auf die Gipfel und Bergrücken, bewundern das Farbenspiel der untergehenden Sonne und das türkisfarbene Leuchten am Horizont. Rundum zufrieden ist auch Choco. Er liegt zu meinen Füßen und ich höre überdeutlich, wie das viele Heu und frische Grün, das er gefressen hat, in seinem kugelrunden Bauch gewaltig zu grummeln beginnt.

In nur sieben Tagen ist Maurice 250 Kilometer von Le Puy bis Guirande marschiert.

»Dann sind Sie ja täglich mehr als 35 Kilometer gelaufen!«, sage ich bewundernd. Dass wir für die gleiche Strecke 19 Tage, also fast dreimal so viel Zeit benötigt haben, getraue ich mich kaum zu sagen. »Wollen Sie einen Rekord aufstellen oder warum gehen Sie so schnell?«

»Nein, nein! Sportliche Ambitionen habe ich absolut keine«, behauptet Maurice. »Es hat sich so ergeben, ohne Absicht. Ich freue mich natürlich, dass ich so fit bin, aber ich lege keine Etappenziele vorher fest, marschiere so weit und so lange, wie ich Spaß daran habe, und dann schaue ich irgendwann auf die Karte und überlege, wo ich übernachten könnte.«

»So hatte ich mir das auch gedacht, aber meist sind die Herbergen dann ausgebucht.«

»Mir macht das nichts aus«, sagt er, »ich gehe eben ein paar Kilometer weiter zum nächsten gîte.«

»Ich habe noch keinen getroffen, der so weite Strecken schafft.«

»Über meine Kraft staune ich selbst am meisten, denn ich bin nicht gesund, das heißt, ich hoffe schon, dass ich es wieder bin, aber ich war todkrank, hatte Krebs, habe Chemotherapie und Bestrahlung hinter mir. Ich dachte lange Zeit, ich überleb's nicht.«

»Vielleicht wollen Sie sich jetzt beweisen, dass Sie die Krankheit überwunden haben?«

»Nein, jedenfalls nicht bewusst. Meine körperliche Fitness ist eher wie ein Geschenk, das mir zufliegt und das ich dankbar annehme. Es ist wie ein Wunder! Wenn ich daran denke, wie schwach ich voriges Jahr noch war – nach drei Schritten hatte ich schon keine Luft mehr.«

»War die Krankheit für Sie der Auslöser, nach Santiago zu gehen?«

»Ja und nein. Es kommen jedenfalls mehrere Gründe zusammen. Vor drei Jahren habe ich meine Tätigkeit als Lehrer beendet und das war kein glückliches Ende. Heute verstehe ich gar nicht mehr, wie ich diesen Beruf ergreifen konnte. Nie mehr will ich in diese Falle tappen, andere Menschen belehren zu wollen. Ein für alle Mal habe ich mich davon verabschiedet.«

»Das stelle ich mir schwierig vor, eine Arbeit machen zu müssen, die man ablehnt.«

»Na ja, viele Jahre war mir dieser Beruf gar nicht so unlieb, man hat ja eine Machtposition. Gerade das ist aber das Schlimme, die Macht, die man über andere hat, jedenfalls sehe ich es jetzt so. Früher konnte ich das genießen. Deshalb war das Ende für mich ja auch so niederschlagend. Ich fiel in ein tiefes Loch. Mein Leben war wie ausgelöscht. Ich sah keine Zukunft mehr für mich.«

»Ob das Ihre Krebserkrankung ausgelöst hat?«

»Mag sein, dazu kam das Schicksal meiner Tochter, auch sie ist Lehrerin. Aber seit Jahren schon ist sie arbeitslos. Sie hat keine Perspektive, lebt in einem winzigen Zimmer und dreht sich im Kreis. Ihr Elend habe ich nicht mehr ertragen können. Ich musste weg!«

Wir schweigen eine Weile, dann frage ich: »Was werden Sie nach Ihrer Ankunft in Santiago tun?«

»Ich werde weiterpilgern nach Finisterre, ans so genannte Ende der Welt, zum Kap an der Atlantikküste.«

»Na gut, aber dort ist Schluss, weiter geht es nicht. Was dann?«

»Das überlege ich mir, wenn es so weit ist. Jetzt bin ich erst einmal dankbar für jeden einzelnen Tag. Ich lebe bewusst jeden Tag vom Morgen bis zum Abend und sorge mich nicht um den nächsten. Mit meinem Denken und Fühlen bin ich ganz in der Gegenwart. Das ist das Privileg des Pilgers und ich koste es aus. Ein wenig habe ich das Ende allerdings schon geplant, damit ich nicht abermals in ein Loch stürze. In Finisterre treffe ich mich mit zwei Freunden. Wir wollen gemeinsam mit dem Auto durch Spanien und Portugal reisen. Das wird mich auffangen. Danach werde ich wahrscheinlich nach Straßburg zurückgehen, wo meine Tochter lebt. Was ich dort tue, weiß ich noch nicht genau.«

»Vielleicht können Sie mit Ihren neuen Erfahrungen als Pilger Ihrer Tochter helfen, den Kreis zu durchbrechen?«

»Nein, nie mehr will ich in das Leben anderer eingreifen!«

»Ich denke, Sie tun es doch, allein durch Ihr Beispiel.«

»Meinetwegen, aber mit keinem einzigen Wort werde ich andere Menschen jemals wieder beeinflussen wollen. Das ist vorbei, für alle Zeiten vorbei!«

Adam und Eva im Paradies

Von Guirande nach Cassagnole, 16 km

Sie sind nackt, wie es sich im Paradies gehört. Von der Frucht der Erkenntnis haben sie noch nicht gekostet und dürften sich eigentlich ihrer Unkeuschheit nicht bewusst sein, dennoch halten Sie sich ein Blatt vor ihre Scham. Es wäre aber schade, das Portal der romanischen Kirche in dem kleinen Dorf Saint-Félix nach derart kleinlichen Überlegungen beurteilen zu wollen.

Das Relief stammt aus dem frühen 11. Jahrhundert. Ich bin verwundert, in einem unbedeutenden Dorf dieses wertvolle romanische Kunstwerk zu entdecken. Die Kirche selbst ist aufwändig restauriert und sieht aus wie frisch gemauert.

Wie es sonst nur Kinderzeichnungen vermögen, beruht die ergreifende Wirkung des Portalreliefs auf der einfachen und direkten Darstellung. Adam, ein reifer Mann mit Bart, lässt sich den Apfel nicht von Eva reichen, sondern ist eigenständig genug, selbst nach der Frucht zu greifen. Eva nimmt sie aus dem Maul der Schlange. Als Frau hat sie eine besondere Beziehung zu diesem zwiespältigen Tier, das sowohl Leben wie Tod verkörpert und in den mythologischen Kreis der uralten Fruchtbarkeitsgöttinnen gehört. Nicht ohne Grund ist es gerade die Schlange, die als Verführerin in der biblischen Geschichte auftritt. Bildlich steht die Schlange, die sich geschmeidig der Umgebung anpasst, ihre alte Haut abstreift und durch Löcher in die Erde eindringt, für Sexualität und Verführung.

Die Schlange auf dem Relief erinnert mich eher an eine Würgeschlange als an eine Giftschlange, wie man hätte vermuten können. Sie hat einen kräftigen Körper und ihr Schwanz rollt sich zu einer

Spirale. Das Tier übertrifft an Länge die beiden menschlichen Figuren und schlingt sich elegant um einen Baum, an dem weder Zweige noch Blätter wachsen.

Das »Relais de St. Jacques«, in der Nähe des Dorfes Cassagnole, habe ich nur gefunden, weil ich amüsiert den Pfeilen mit dem grünen Pilgermännchen gefolgt bin. Welch ein Kontrast – gestern noch die Übernachtung im Stall und heute im geschmackvoll eingerichteten Zimmer in gepflegter Umgebung. Die Herbergsleute Jean und Michèle haben ein zerfallenes Gehöft gekauft und mit viel künstlerischem und handwerklichem Gespür ein Kleinod geschaffen, eine Oase für erschöpfte Pilger. Kaum vorstellbar, dass es vor wenigen Jahren an diesem anmutigen Ort nur Ruinen und Brennnesseln gegeben haben soll.

Chocolat muss ihn schon lange vor mir bemerkt haben, denn er ist kaum überrascht, als uns ein kleiner »Grauer« auf der Weide vor dem Haus entgegenspringt. Der Gefährte für die Nacht ist ein Abbild seines Freundes Pedro, der zu Hause bleiben musste. Ob sich die zwei Esel vertragen werden? Über den Zaun beschnuppern sie sich neugierig. Keine Frage – sie mögen sich auf Anhieb und ich öffne für Choco das Gatter.

Sie spielen miteinander wie junge Hunde, necken und verfolgen sich, laufen weg und tollen herum. Immer wieder halten sie für einen Moment inne, beriechen und beknabbern sich. Zärtlich streift der Graue mit seinem Maul über Chocolats Rücken. Sie legen ihre Hälse aneinander, messen ihre Kräfte, drücken sich nieder, bis beide auf die Knie sinken. Einer springt dann plötzlich auf und galoppiert davon, der andere hinterher und ein neues Spiel beginnt.

Ich sitze unter einem blühenden, betörend duftenden Lindenbaum und schaue hinunter auf die Wiese, wo die beiden sich vergnügen. Wie schön, dass Chocolat hier einen Kameraden gefunden hat. Gleichzeitig beneide ich den grauen Esel. So wie er werde ich nie mit meinem Choco tollen können. Erst im Spiel mit dem anderen zeigt sich, was an Schalk, Übermut, Narretei in ihm steckt. Er ist schon acht Jahre alt, gebärdet sich aber jetzt, als sei er noch ein ganz Junger.

Die Herberge scheint ein Treffpunkt zu sein für Pilger aus aller Welt, nicht nur aus Europa. Da sind Javier aus Mexiko, Maria aus Bolivien und Barbara aus Kanada. So viele Menschen unterschiedlicher Herkunft unter der Idee des Pilgerns vereint, das schafft ein einmaliges Gefühl der Gemeinschaft. Es ist, als würden wir alle einer Musik lauschen, die unsere Herzen verbindet.

Zu meiner Freude treffe ich auch Justin wieder. In Conques war er zwei Tage geblieben und hatte ein Konzert in der Abteikirche Sainte-Foy erlebt, das ihn außerordentlich beeindruckt hat. Begeistert berichtet er mir von diesem Erlebnis und den allgewaltigen Klängen in den geheiligten Mauern.

Die Wirtsleute Jean und Michèle stellen es den Pilgern frei, Abendessen und Frühstück bei ihnen zu nehmen oder sich selbst zu versorgen. Justin und ich entscheiden uns, die Gemeinschaftsküche zu benutzen. Gern schnipple ich die Zutaten und überlasse Justin die Zubereitung, erinnere ich mich doch zu gut an seine Kochkünste in Estaing.

Was Essen betrifft, bin ich ungewöhnlich anspruchslos. Es ist mir völlig egal, was ich esse, Hauptsache, es sind Magenfüller, die lange satt machen. Wenn es mal nichts gibt, ist es auch nicht so schlimm. Von Kindheit an habe ich trainiert, lange zu hungern, ohne Kraft zu verlieren, um mich für Expeditionen in die Wildnis vorzubereiten. Obwohl es mein Bestreben ist, von Nahrung so unabhängig wie möglich zu sein, kann ich ein köstliches Gericht durchaus genießen und nehme es dankbar an wie ein Geschenk.

Auch diesmal setzt Justin seine Ehre daran, ein vollständiges Menü aufzutischen. Was das Kochen angeht, ist er ein Perfektionist und duldet keine Kompromisse. Aus seinem Rucksack zaubert er ein Dutzend Gewürze hervor, in kleine Beutel verpackt und sauber beschriftet. Er freut sich über das formschöne Geschirr, das im Küchenschrank der Herberge bereitsteht, und natürlich dürfen Servietten nicht fehlen. Nur der ideale Platz zum Essen muss noch gefunden werden. Was sucht Justin nur, frage ich mich – in der Küche steht doch ein Tisch mit Stühlen? Aber dieser profane Ort scheint ihm nicht zu genügen. Schließlich entdeckt er die versteckte Tür zu einem Balkon und obwohl dieser winzig ist, gelingt es uns, einen Tisch mit zwei Stühlen dort aufzustellen. Windgeschützt, umgeben von den Mauern des alten Steinhauses, speisen wir in der lauen Luft mit Blick auf das verwinkelte Gehöft und hinab zur Weide, wo Chocolat und sein neuer Freund Körper an Körper friedlich im Gras ruhen.

Hieroglyphen

Figeac

Vielleicht liegt es an ihrem Beruf? Als Postbeamtin bringt Denise so leicht nichts aus der Ruhe. Obwohl eine Gruppe von Pilgern drängelt, endlich ihren Stempel in den Pilgerausweis zu bekommen, muss Denise mir zuerst einen Teil ihrer Lebensgeschichte erzählen. Ein Jahr ist es her, dass sie eine fünfmonatige Auszeit genommen hatte, um von Paris nach Santiago zu pilgern. Diesmal hat sie nur drei Wochen Zeit, deshalb wollte sie die Strecke mit dem Fahrrad zurücklegen. Nun sei sie aber hier im »Relais de St. Jacques« hängen geblieben. Die Besitzer, Jean und Michèle, mit denen sie sich angefreundet hat, wollten sie unbedingt behalten und so arbeitet sie die restliche Urlaubszeit hier.

Jetzt sind endlich die wartenden Pilger an der Reihe. Denise drückt akkurat einem nach dem anderen den begehrten Stempel in den Pilgerausweis. So kann jeder belegen, dass er den Weg tatsächlich zurückgelegt hat. Zudem sind die Stempel ein beliebtes Sammelobjekt, denn keiner gleicht dem anderen. Originelle Figuren, Symbole, Schriftzeichen und Namen der Herbergen machen sie unverwechselbar.

Denise, die in Figeac Brot kaufen will, bietet mir eine Mitfahrgelegenheit an und auch Justin schließt sich an. Figeac ist eine interessante Stadt und ein Tag wird nicht reichen, alles zu besichtigen. Deshalb will ich mich auf die drei wichtigsten Bauwerke konzentrieren: die Abteikirche Saint-Sauveur, die romanische Kirche Notre-Dame-du-Puy und das Geburtshaus von Jean-François Champollion.

Kaum hat uns Denise in der Altstadt abgesetzt, will ich als Erstes zur Abteikirche. Doch Justin möchte am Abend ein Fischgericht kochen. Deshalb ist für ihn der Einkauf das Wichtigste, um den er sich sofort kümmern will. »Die Lebensmittel können wir doch zuletzt besorgen«, versuche ich ihn umzustimmen. Da komme ich bei Justin aber schlecht an: »Die beste Auswahl an Fisch gibt es am Vormittag«, beharrt er und da hat er wohl Recht.

Zuerst also zum Fischhändler. Wir entscheiden uns für Schwertfisch und deponieren ihn im Eis zum Abholen am Nachmittag. Dann inspizieren wir diverse Gemüseläden. Beim einen sind die Tomaten frischer, beim anderen die Gurken knackiger. Justin notiert sich alles. Später werden wir nach dieser Liste den Einkauf tätigen.

Beim Erkunden der Geschäfte erweist sich Justin als idealer Stadtführer und ich bekomme einen umfassenden Eindruck des mittelalterlichen Zentrums. Viele Häuser haben noch ihre gotische Gestalt: Fenster mit Spitzbögen, Erkertürmchen, Fachwerk, hochgewölbte Eingangstore, Arkaden und offene Dachgeschosse, deren Balkenkonstruktion freiliegt. *Soleilho* werden diese luftigen und doch geschützten Dachböden genannt, die für viele Orte in dieser Gegend typisch sind. Im Mittelalter war Figeac eine wohlhabende Stadt, später verlor sie ihre Bedeutung, und da den Einwohner das Geld für Neubauten fehlte, blieb die gotische Altstadt fast vollkommen erhalten.

Die Gründung Figeacs ist vermutlich dem Franken Pippin zu verdanken, dem Vater von Karl dem Großen. Pippin war zunächst nur Verwalter des Frankenreichs und oberster Kriegsherr, bevor er die Herrschaft der Karolinger begründete und im Jahr 751 zum König gewählt wurde.

Pippin war aber auch ein gläubiger Mann. Eines Tages ritt er durch das Tal des Célé, einem Nebenfluss des Lot. Da sah er zwei Tauben über sich hinwegfliegen, deren Flugbahnen ein Kreuz am

Himmel bildeten. Als die Tauben am Flussufer landeten und Olivenzweige niederlegten, sah Pippin darin ein Zeichen Gottes und beschloss, an dieser Stelle ein Kloster zu bauen. Die Stadt, die bald im Schutz des Klosters entstand, existiert bis heute: Figeac.

Am Rand der Altstadt liegt die Kirche Notre-Dame-du-Puy auf einer Anhöhe. Leider ist die romanische Kirche aus dem 12. Jahrhundert, deren Kapitelle mit Fabelmotiven mich sehr interessiert hätten, verschlossen. Aber der Vorplatz der Kirche entschädigt für den steilen Aufstieg mit einem eindrucksvollen Blick auf die mit roten Dachpfannen bedeckten Häuser der Stadt. Früher müssen es Scharen von Pilgern gewesen sein, die hier Unterkunft fanden. Die Gemäuer einiger Herbergen existieren noch, sind aber inzwischen zu exquisiten Hotels umgewandelt worden. Eine Besichtigung lohnt sich allemal, denn mit den ursprünglichen Fassaden, Erkern, Fensterbögen, Innenhöfen, Säulen und Kapitellen vermitteln sie noch viel mittelalterliches Flair.

Schon im Jahr 1092 wurde mit dem Bau der Abteikirche Saint-Sauveur begonnen, aber es dauerte Jahrhunderte, bis sie endlich fertig gestellt war. Immer wieder musste sie vergrößert werden, um Platz für die wachsende Zahl der Pilger zu schaffen. Das Resultat der langen Bauzeit ist eine Kirche, unter deren Dach sich verschiedene Stilepochen mischen.

Im »Musée Champollion« erfahre ich die spannende Geschichte der Hieroglyphen. Bereits als Kind faszinierte den kleinen Jean-François die geheimnisvolle Bilderschrift der alten Ägypter, die niemand deuten konnte. Sein Vater, ein wohlhabender Apotheker aus Figeac, förderte das Interesse seines Sohnes und schickte ihn zum Studium der Ägyptologie nach Paris.

Gelehrte, die Napoleon auf seinen Kriegszügen begleiteten, schafften damals massenhaft Kunstschätze aus Ägypten nach Paris. Ein unscheinbarer Stein, kaum einen Meter groß und 70 Zentimeter breit, blieb zunächst unbeachtet. Er lag in einer Kiste mit dem Schild »Stein von Rosette«, weil er in der Nähe der ägyptischen Hafenstadt Rosette am westlichen Nildelta gefunden worden war. Erst Jean-François Champollion fiel auf, dass in dem Stein drei unterschiedliche Schriften eingraviert waren: Altgriechisch, Ägyptisch kursiv und Hieroglyphen. Er fand bald heraus, dass die beiden ihm bekannten Schriften den gleichen Text wiedergaben. Für ihn lag nun nahe, dass auch die unlesbare Bilderschrift denselben Wortlaut beinhalten müsste. Der Zufall hatte ihm den Schlüssel zur Entzifferung in die Hand gespielt. Jetzt musste er ihn nur noch nutzen.

Wie elektrisiert machte er sich an die Arbeit, die schwierig war, denn Bildzeichen können für einen Buchstaben, eine Silbe oder auch für ein Wort stehen. Jahre vergingen, dann hatte er das Geheimnis dieser schwer verständlichen und kunstvollen Schrift gelüftet. Endlich war es möglich, die Rätselbilder der Pharaonengräber zu lesen.

An seinem 200. Todestag wurde Champollion in seiner Heimatstadt posthum eine besondere Ehre zuteil. Der Künstler Joseph Kossuth schuf ein ästhetisches und einprägsames Denkmal: Im Innenhof des Place des Écritures, umgeben von altem Gemäuer, Säulen und Torbögen, bedeckt eine riesige begehbare Basaltplatte den Boden – eine vergrößerte Darstellung des Steins von Rosette. Wer über die eingravierten Schriften hinwegschreitet, wird sich unwillkürlich an die wissenschaftliche Glanzleistung Champollions erinnern.

Wacholder, Flaumeichen und Kreuzdorn

Von Cassagnole bis nahe Gréalou, 11 km

Der Abschied von Denise, Jean, Michèle und Justin ist herzlich. Sie umarmen mich fest und wünschen mir »Ultreia!«, ein Gruß, mit dem schon Pilger des Mittelalters sich Mut machten: Vorwärts! Immer weiter! Auf nach Santiago!

Mein Esel folgt mir ohne Zögern, was nicht selbstverständlich ist. Zwei Tage und Nächte hatte er mit seinem neuen Freund auf der Weide herumtollen können und ich bin erstaunt, dass er sich so leicht von ihm trennt.

Die Landschaft, die sich 160 Kilometer von Figeac bis Moissac erstreckt, wird das Quercy Blanc genannt, wegen seines weißen Kalkbodens. Urzeitlich war diese Gegend von Wasser bedeckt. Im Laufe mehrerer geologischer Epochen haben sich riesige Mengen Sedimente am Meeresgrund abgelagert und zu Kalkgestein verfestigt. Viele Millionen Jahre später, als das Meer längst zurückgewichen war, zersägten Flüsse den gigantischen Kalksteinblock, zerlegten ihn in ein Landschaftspuzzle. Hunderte Meter tief haben sich die Flüsse Dordogne, Célé, Lot und Tarn eingegraben und schlängeln sich zwischen senkrechten weißen Kalkwänden hindurch.

Der reichlich niedergehende Regen auf den Hochplateaus, den Causses, versickert schnell in Spalten, Rissen und Fugen, die sich in allen Richtungen durch die Felsen winden. Das Wasser reibt, zersetzt und löst fortwährend Kalkteilchen, trägt sie fort, lagert sie wieder ab und schafft ein gigantisches unterirdisches Höhlensystem. Das Wasser rauscht durch schmale Gänge, formt kuppelartige Höhlen, verschwindet in Sickerschächten, befreit sich endlich aus dem steinernen Gefängnis und sprudelt als Quelle hervor, klar und kalt.

In einigen Höhlen haben Menschen der Steinzeit seltsame Zeichen und Figuren auf die Wände gemalt oder in sie hineingeritzt. Eine von ihnen ist die Höhle Pech Merle in der Nähe Cahors', die im Jahr 1920 entdeckt wurde. Besonders eindrucksvolle Darstellungen von Wildpferden sind mit schwarzer Farbe auf die Felswände getupft, umgeben von Abdrücken menschlicher Hände. Im Jahr 2000 haben Forscher bei Cassac eine weitere Höhle gefunden mit 28000 Jahre alten Felsgravuren. Die Ritzzeichnungen sind zu 25 Meter langen Bilderfolgen geordnet, die wie Fresken wirken. Aber leider liegen die Höhlen einige Kilometer abseits des Pilgerwegs. Wer zu Fuß unterwegs ist, überlegt sich solche Umwege.

Blendend weiß ziehen sich kalkige Wege wie Linien über das Tafelland und erinnern mich ständig daran, dass ich auf altem Meeresgrund gehe. Ich war auf Schwierigkeiten gefasst, die das Wandern über die Kalkhochflächen des Quercy für uns bereithalten könnten, stellte mich auf unfruchtbares und menschenleeres Land ein, ohne Schatten, ohne Wasser. Aber die Realität übertrifft leider noch meine Vorstellungskraft. Das öde Land ist an vielen Stellen dicht bewachsen mit Buchsbaum, Wacholder und Kreuzdorn. Die stacheligen Gewächse geben nur widerwillig schmale Durchlässe frei. Immer wieder müssen wir uns mühsam durch Gebüsch und Pflanzentunnel zwängen und schrammen mit den Packsäcken an Dornen und Zweigen entlang.

Nur schwer kann ich mir vorstellen, dass diese Ödnis für irgendwen nützlich sein könnte, aber kilometerlange Absperrungen aus Mauern und Draht beweisen, dass Menschen von der Landschaft Besitz genommen haben. Nachdem wir fast vier Stunden ohne Unterbrechung marschiert sind, entdecke ich eine Lücke in dem Steinwall. Natürlich versuche ich, die Sitten zu respektieren, und will nicht in Konflikt mit den Besitzern des Landes geraten, aber hier in diesem Ödland?

Der Boden ist steinig. Da wächst nicht viel außer Disteln, gelblichem Gras, immergrünem Kreuzdorn und stechendem Spargel. Dunkle Wacholderbüsche stehen vereinzelt da, geduckt und verbogen wie Hutzelmännchen. Eichenwald grenzt an die freie Fläche. Grashüpfer zirpen zart, sonst ist es völlig still. Fast unheimlich. Mich fesselt die Einöde, die wilde Kargheit, die steinige Dürre. Wie zufällig blicke ich hinauf zum Himmel und sehe zwei silbern glänzende Flugzeuge. Hören kann ich sie nicht, dazu fliegen sie zu hoch. Der eine glitzernde Punkt bewegt sich von Süd nach Nord, der andere von Ost nach West; hinter ihnen bleiben ihre Kondensstreifen zurück. Weiß auf blauem Grund erscheint ein Kreuz am Himmel. Wie war das noch mit den Tauben, die mit ihrem Flugbild ein göttliches Zeichen zum Klosterbau setzten? Die gekreuzten Streifen will ich für mich als Wink deuten, hier mein Lager aufzuschlagen und erst morgen weiterzuziehen.

Im Schatten bemooster Flaumeichen und geschützt von Steinmauern finde ich einen traumhaften Platz für mein Zelt. Im Gebüsch singen Rotkehlchen und Buchfinken. Am Abend wagt sich ein Rehbock auf die freie Fläche hinaus. Sein rotbraunes Fell leuchtet im Abendlicht. Unbekümmert äst er eine Weile, dann fächelt ihm der Wind Chocos Geruch zu. Der Bock wirft den Kopf hoch, prüft witternd die Luft, dann entdeckt er den Esel, ein für ihn seltsames Wesen. Entschlossen stakst er ein paar Meter auf Chocolat zu. Der hat jetzt auch den Bock wahrgenommen. Was wird geschehen? Eine Verbrüderung zwischen Haus- und Wildtier? Der Rehbock besinnt sich kurz und – sicher ist sicher – springt zurück in den Wald. Dabei stößt er heisere Töne aus, die wie Hundegebell klingen.

Erwachen im Regen

Von Gréalou nach Pech Niol, 22 km

Im Morgengrauen, noch bevor es hell wird, fallen die ersten Regen-tropfen auf mein Zeltdach. Ich kann es kaum glauben. Nachts war der Himmel noch sternenklar gewesen, als ich aus dem Zelt blickte, um nach Chocolat zu schauen.

Regen! Das hat mir gerade noch gefehlt! Ausgerechnet kurz vor dem Aufstehen und dem Packen! Ich weiß zwar, worauf ich mich einlasse, wenn ich draußen übernachte, trotzdem ist es immer wieder ärgerlich, von schlechtem Wetter überrascht zu werden.

Während ich in großer Eile das Gepäck in die Säcke stopfe und mit der wasserdichten Plane umwickele, gießt es bereits in Strö-men. Als wäre das nicht genug, kommt auch noch ein Gewitter hinzu. Es blitzt und donnert über mir. Nur schnell weg von hier!

Urplötzlich hört der Regen auf. Kaum aber habe ich den schwit-zigen Regenponcho abgelegt, schiebt sich schon die nächste dunkle Wolkenwand heran und entlädt sich über uns.

Nach zwei Stunden auf schlammigen Erdpfaden und durch trie-fende Flaumeichenwälder erreichen wir Gréalou. Immerhin hat der Ort eine Bar und ich denke, ich habe mir einen Kaffee verdient. Vier Pilger poltern mit Wanderstiefeln die Holztreppe herunter in die Gaststube. Offenbar haben sie hier übernachtet. Mit verknitterten Gesichtern essen sie ihr Frühstück, ohne miteinander zu sprechen. Wahrscheinlich ärgern sie sich über das Regenwetter. Bei ihrem An-blick fühle ich mich gleich viel besser. Sie haben den nassen Anfang noch vor sich, ich dagegen habe meine Regentaufe schon hinter mir. Steckt man erst mal mittendrin im Schlamassel, ist alles gar nicht mehr so schlimm. Nur die ersten Tropfen stören; werden es mehr, begegnet man der Nässe mit Gleichmut. Jedenfalls mir geht es so.

Nicht weit hinter Gréalou erstreckt sich ein Gebiet mit zahlreichen Dolmen. Der eindrucksvollste liegt direkt am Pilgerweg und wurde erst 1977 ausgegraben. Quer über zwei senkrecht stehenden Steinplatten liegt ein drei mal vier Meter großer, tonnenschwerer Deckstein und bildet den Hohlraum für eine Grabkammer. In dieser Kammer haben Menschen aus der rätselhaften Megalithzeit ihre Toten zur Ruhe gebettet. Perlen und andere Grabbeigaben, die man fand, wurden in das Museum von Cahors gebracht und können dort besichtigt werden.

Nur wenige Schritte vom Dolmen entfernt, steht ein Kreuz, als wollte man mit dem christlichen Zeichen ein Gegengewicht zur Magie der Steine schaffen. Langsam umrunde ich den Dolmen, dessen weißes Gestein seltsam nackt wirkt. Es regnet nicht mehr, der Himmel ist farblos wie ein Laken und die Luft flimmert. Zufällig blicke ich nochmals zum Kreuz hinüber und sehe einen Steinkauz dort hocken. Klein ist er, kaum so groß wie eine Amsel. Sein schönes, hell-dunkel gesprenkeltes Gefieder ist locker aufgeplustert. Mit seinem runden Körper, dem runden Kopf und den runden Augen ähnelt er einem putzigen Männlein. Doch der Blick seiner gelben Augen ist stechend. Jetzt kneift er eines zu, dann hebt er das Lid langsam wieder an und blickt dabei unverwandt in meine Richtung. Als wolle er sich verabschieden, knickst er mit den Beinen, breitet die Schwingen aus und fliegt davon, so weich und lautlos, wie es nur Eulen vermögen.

Steinkäuze habe ich schon öfter tagsüber gesehen, aber dass mir der kleine Nachtvogel gerade in der Nähe des Dolmen begegnet und noch dazu auf einem Kreuz – könnte das etwas zu bedeuten haben?

Nass hatte der Tag begonnen, aber längst ist die Feuchtigkeit versickert und verdunstet. Die Sonne bescheint sengend das steinige Land. Mit Stacheln und Dornen, harten und wachsumschichteten Blättern schützen sich die Pflanzen vor dem Vertrocknen. Lange wandern Choco und ich in völliger Einsamkeit über das hitzeflimmernde Plateau.

Von der Hochfläche steigen wir einmal mehr hinunter ins Tal des Lot. In einer Schleife des Flusses liegt Cajarc, dessen Häuser in fast konzentrischen Kreisen um die Kirche gruppiert sind. Einst herrschte hier die mächtige Familie Hébrard de Saint-Sulpice. An sie erinnert nur noch das mit den Spitzbogenfenstern und Arkaden geschmückte Haus »l'Hébrardie«. Über Mittag ist es still in der Stadt. Die Läden sind geschlossen, erst am späten Nachmittag werden sie wieder geöffnet. Unschlüssig ziehe ich durch die Straßen, erschöpft von der Hitze und vom Laufen, aber es findet sich kein Platz, wo wir bleiben könnten.

Schon liegt Cajarc hinter uns, wir überqueren erneut den Lot und steigen hinauf nach Gaillac, einem Dorf, das sich mit seinen Häusern fest an einen Felsen klammert. Am Weg sehe ich die Ruinen einer Magdalenenkapelle aus dem 12. Jahrhundert, von der nur noch die zerbrochene, von Efeu überwucherte Apsis erhalten ist. Hier sollen die Schiffer gebetet haben, bevor sie sich den Stromschnellen des Lot anvertrauten.

Wir rasten in einem Park und ich schaue Choco beim Fressen zu. Es langweilt mich nie, ihn zu beobachten. Ein Mann setzt sich zu mir auf die Bank und fragt mich neugierig aus. Dann erzählt er mir die Legende vom Saut de la Mounine, dem Affenfelsen, im nahen Montbrun: »Sie müssen sich ein schönes und sanftes Mädchen vorstellen, das sich unsterblich in den Sohn des benachbarten Burgherrn verliebte. Er hieß Renault de Savagnac. Ihr Vater jedoch, der strenge Herr von Montbrun, erboste sich darüber, denn beide Familien waren schon lange miteinander verfeindet. Er verbot seiner Tochter jeden Kontakt mit Renault. Nicht einmal mehr denken sollte sie an ihn. Das verliebte Mädchen gehorchte aber nicht und traf sich heimlich weiter mit ihrem Liebsten. Der Vater erwischte sie und in seiner rasenden Wut verurteilte er seine Tochter zum Tod. Sie sollte auf die Spitze des Felsens geschleift und von dort in den Abgrund gestürzt werden. Alle waren über die unnachgiebige Härte des Vaters entsetzt. Ein Einsiedler, der sich der Verurteilten erbarmte, riet zu einer List: Ein Äffchen könnte man in die Kleider des Mädchens stecken und statt seiner in die Tiefe stoßen. Als der Vater glaubte, seine Tochter in den Tod fallen zu sehen, erlosch sein Zorn und ihm wurde schlagartig bewusst, was er getan hatte. Wegen seines unsinnigen Stolzes hatte er seine einzige Tochter für immer verloren! Er bereute bitterlich und versank in tiefe Trauer. Sein Klagen und Jammern nahm kein Ende, bis die Tochter sich aus dem Versteck hervorwagte. Als er sie lebend wiedersah, wusste er sich vor Glück und Freude nicht zu fassen. Er versöhnte sich mit dem verfeindeten Nachbarn und das Mädchen durfte ihren innig geliebten Renault endlich heiraten.« Eine Romeo-Julia-Geschichte mit Happyend. Noch heute heißt der Felsen Mounine, wie der geopferte Affe.

Hinter Gaillac beginnt der Aufstieg zum Plateau Causse de Limogne-en-Quercy, einer dünn besiedelten Hochfläche. In dieser Gegend heißen die Hügel nicht mehr *puy*, sondern auf Okzitanisch *pech*, und einzeln stehende Gehöfte nennt man hier *mas*.

Die Anhöhe Pech Niol ist dicht mit Flaumeichen bewachsen, niedrige, krumme, verbogene Bäume. Es ist windstill. Ermattet kämpfen wir uns einen steinigen Pfad hinauf. Weit sind wir an diesem Tag schon gegangen, weil wir wegen des Gewitters so früh am Morgen aufgebrochen sind. Es wird Zeit, unser Lager zu richten, deshalb binde ich Chocolat fest und mache mich im Wald auf die Suche. Ich weiß genau, wie der ideale Platz aussehen soll, doch scheint es aussichtslos, in dieser Wildnis eine freie Fläche zu finden. Als würde ich von unsichtbarer Hand geführt, gehe ich zielstrebig einen Pfad entlang, biege an einer Wegkreuzung nach links und habe dabei das sichere Gefühl, richtig zu sein. Und wirklich, wenig später entdecke ich sie, eine traumhafte Natur-Terrasse. Im Schatten der Bäume gedeiht süßes Gras und auf den offenen, steinigen Flächen wachsen Disteln und Trockengräser, die ideale Mischung für Chocos Futter. Nur mein Abendbrot fällt mager aus, denn ich habe gerade noch eine Büchse mit Ölsardinen und eine halbe Gurke.

Die Sonne ist untergegangen, die Dämmerung senkt sich herab – plötzlich Geflatter, aufgeregtes Krakeelen. Ein Pulk Singvögel lärmt in den Eichen. Ich schaue genau hin und entdecke im Geäst eine Waldohreule. Die zweite Eule an diesem Tag! Die Ohrfedern sind spitz aufgestellt. Mit ihrem braun gefleckten Federkleid und dem in Schreckstellung lang gezogenen Körper ähnelt sie täuschend einem dürren Ast, wären da nicht die feurig gelben Augen, die sie verraten. Die Kleinvögel geben keine Ruhe, wagen jetzt sogar Sturzangriffe auf ihren Feind. Solange es noch hell ist, fühlen sie sich der Eule überlegen, vor allem, weil sie so viele sind. Immer mehr Vögel werden vom Krach angelockt und machen mit beim Eulenhassen. Die Waldohreule erträgt den Aufruhr nicht länger und fliegt davon, gefolgt vom Schwarm der Singvögel.

Der Bäcker von Limogne

Von Pech Niol nach Limogne-en-Quercy, 12 km

Pflatsch! War das eben ein Tropfen? Ich will es nicht wahrhaben. Plitsch, platsch, schon prasselt es auf die Zelthaut. Wie gestern öffnen sich im Morgengrauen die Wolken, obwohl der Abendhimmel gutes Wetter angekündigt hatte. Weder verdächtige Haufenwolken noch bedrohliches Abendrot hatten mich vor dem Schauer gewarnt. Jetzt bin ich froh, das Überzelt aufgespannt zu haben. Während es gießt, kann ich aufrecht stehend unter der Plane packen. Nichts soll uns aufhalten, beschließe ich, und noch im Regen machen wir uns auf den Weg.

Eine Singdrossel schmettert, trotz nassem Gefieder, unverdrossen ihre Jubellieder, klar und hell. Schwer ist die Erde vom Regenguss und jeder Hufschlag dröhnt, als würde eine Trommel geschlagen. Der dumpfe Rhythmus unterstreicht die märchenhafte Stimmung des Waldes, in dem Feen, Zwerge und Kobolde versteckt sein könnten. Da winden, drehen und krümmen sich Äste und Zweige ineinander, dicke Moospolster umhüllen Bäume und Mauern und ich wäre wenig überrascht, würde plötzlich eines der Fabelwesen in dem geheimnisvollen Grün erscheinen.

Bei Mas del Pech endet der Zauberwald und wir treten hinaus in eine weite Hügellandschaft. Auf einer Anhöhe liegt St.-Jean de Laur und ich freue mich schon auf das Frühstück und ein heißes Getränk, aber die Wegmarkierung führt mich weit an dem Ort vorbei zu Weilern mit fremdartigen Namen wie Mas de Bories, Mas de Dalat und Mas de Bassoul mit nur ein bis drei Bauernhäusern, menschenleer und verlassen.

Am Ortseingang von Limogne-en-Quercy liegt die Pilgerherberge, in der ich uns angemeldet habe. Niemand da, die Tür ist abgeschlossen. Von einer Telefonzelle aus rufe ich an. Eine Männerstimme meldet sich und ich bekomme einen Dialekt zu hören, der mich nur entfernt an Französisch erinnert. Außer *oui* kann ich kein Wort identifizieren. Zwar habe ich keinen Schimmer, worauf sich das Ja bezogen hat, doch es macht erst einmal Mut. Da kein Gespräch möglich ist, lege ich den Hörer auf, bleibe vor der Herberge stehen und warte, dass sich irgendetwas ereignet.

Nach einer Weile fährt ein Lieferwagen vor. Er hält neben mir. Der Fahrer kurbelt das Fenster herunter und spricht mich an. An dem Kauderwelsch erkenne ich, dass es sich um denselben Mann handeln muss, mit dem ich eben telefoniert habe. Wenn ich erwartet hätte, dass er aussteigen, aufschließen und mir das Zimmer zeigen würde, habe ich mich geirrt. Bei laufendem Motor redet er auf mich ein. Angestrengt fische ich in dem fremdartigen Klang nach einem erkennbaren Sinn. Schließlich meine ich, etwas zu verstehen.

»Der Hintereingang ist offen?«, wiederhole ich. »Haben Sie das gemeint?«

»*Oui, madame, oui!*«, bestätigt er und sein Gesichtsausdruck zeigt seine Verwunderung, dass ich ihn so schlecht verstehe. Der schwerblütige Mann ist nicht eigentlich unfreundlich. Untersetzt, mit vollem Gesicht, buschigen Augenbrauen und vorstehenden blassblauen Augen macht er einen eher schlichten und gutmütigen Eindruck. Er trägt eine Baskenmütze und wirkt wie ein Bauer, der sich die langen Jahre harter Arbeit mit üppigem Essen und zu viel Wein versüßt hat.

Wie soll ich mich nur mit ihm verständigen? Ich muss wissen, wo der Platz für Choco ist, wie viel ich zu zahlen habe und ob ich ihm das Geld jetzt gleich aushändigen soll. Und plötzlich rutscht mir ein Satz auf Spanisch heraus. Die Augen des Mannes leuchten auf. Klar und verständlich antwortet er und in der für uns beide fremden Sprache finden wir eine gemeinsame Basis. Auf diese Weise erfahre ich, dass es hinter dem Haus eine Weide gibt, seine Frau am Abend zum Kassieren kommt und die Herberge früher einmal eine Schule war.

Aus dieser zufälligen Erfahrung klug geworden, versuche ich bei künftigen Problemen mit Spanisch weiterzukommen, und habe besonders bei der Landbevölkerung hier im Süden fast immer Erfolg. Durch vielfältige Kontakte mit dem Nachbarland, bei Viehmärkten zum Beispiel, haben sie sich so nebenbei im Gespräch einen spanischen Wortschatz angeeignet. Und im Übrigen sei der südfranzösische Dialekt dem Spanischen sowieso ähnlich, sagen sie. Na ja, das jedenfalls kann ich nicht bestätigen.

In den oberen Räumen der Herberge befand sich ehemals die Wohnung des Schuldirektors. Die Küche ist perfekt eingerichtet und edle Möbel schmücken den saalartigen Aufenhaltsraum. Eine Vitrine aus dunklem Eichenholz ist voll mit Geschirr, Weingläsern, Tischdecken und Servietten, ausreichend für eine große Tischgesellschaft.

Ich habe die freie Auswahl und entscheide mich für ein Einzelzimmer im dritten Stock mit Blick zum Hof. Dort weidet schon Chocolat und macht sich hungrig über das üppige Grün her. Als ich seinen Namen rufe, schaut er sich nach mir um. Aber er entdeckt mich nicht, denn wie sollte er sich vorstellen können, dass ich mich zwölf Meter hoch über ihm aufhalte, also schon fast im Himmel? Wieder rufe ich, da antwortet er: »I-ah-ah-a-a-a«, ohne mich zu sehen. Ich freue mich, denn seit er mit dem grauen Esel auf der Weide in Cassagnole zusammen war, hat seine Stimme an Volumen wieder zugenommen.

Da ich Choco gut untergebracht weiß, will ich den Nachmittag nutzen und die Ausstellung »Vergangene Lebensformen im Quercy«

besuchen. In den oberen Räumen des Informationszentrum von Limogne sind liebevoll Gegenstände des häuslichen Lebens, der bäuerlichen Arbeit und des ländlichen Handwerks ausgebreitet: Sägen, Dreschflegel, Töpfe und Korbwaren, Brotöfen und Getreidemühlen, Werkzeuge vom Hufschmied, Töpfer und Holzschuhschnitzer.

Lange stehe ich vor Fotografien mit Eseln, die mit hängendem Kopf ihre schweren Lasten schleppen. Die Bildtexte erläutern, dass noch vor wenigen Jahren Esel die schweren Milchkannen zu den Kilometer weit entfernten Sammelstellen schleppen mussten. Im Winter eine Tortur, wenn hoher Schnee die ungebahnten Wege fast unpassierbar machte.

Wie hart muss das Leben früher gewesen sein in diesem kargen, dünn besiedelten Quercy. Dennoch stimmt es mich wehmütig, dass die Zeugnisse einer früheren Zeit nur noch Sammlerwert haben. Die mit viel Mühe hergestellten Gegenstände des täglichen Lebens werden nie wieder praktische Verwendung finden. Es erlischt eine Lebenskultur und mit ihr gehen Erfahrungen, Kenntnisse, Fertigkeiten verloren, die Menschen sich über Generationen erworben und mit denen sie ihr Leben jahrhundertelang gemeistert haben.

Nun aber ist es höchste Zeit, mich mit Lebensmitteln zu versorgen, damit ich nicht wieder vor verschlossenen Türen stehe. Beim Metzger ist der Laden voll. Da aber drei Verkäufer hinter der Theke bedienen, wird es wohl nicht lange dauern, hoffe ich. Doch alle drei bemühen sich ausschließlich um eine einzige Kundin, die immer neue Wünsche äußert und offenbar für eine Großfamilie einkauft. Keiner der Wartenden lässt sich Ungeduld anmerken. Im Gegenteil – scherzend und lachend geben sie der Nachbarin ihre Ratschläge.

Schließlich bekomme ich doch noch meine Hartwurst und mache mich eilig auf zum Bäcker. An der Ladentüre hängt ein Plakat mit der Information, der Inhaber, Jean-Paul Feltz, habe ein vierfaches Meisterdiplom und sei nicht nur Bäcker, sondern auch Koch, Konditor und Speiseeis-Hersteller.

Ich betrete den Laden. Mein »Bonjour« beantwortet Jean-Paul mit »guten Tag«. Er sei Elsässer, fügt er erklärend hinzu.

»Aber woher wussten Sie denn, dass ich Deutsche bin?«

»Wusste ich gar nicht, habe ich nur vermutet, weil bei mir viele Pilger einkaufen. Und von denen kommen die meisten aus Ländern, in denen Deutsch gesprochen wird.«

»Ich glaube, Ihre Adresse hängt in der Herberge aus, oder?«

»Sie haben Recht, ich koche dort oft das Abendessen.«

»Oh, das passt! Ich bin hungrig wie ein Wolf!«, sage ich erfreut.

Er bedauert, dass er für heute noch keinen Auftrag hat. Es seien wohl nicht genug Pilger gekommen.

Auf meine neugierige Frage, wie es ihn vom Elsass in den Süden Frankreichs verschlagen habe, erzählt er mir seine Geschichte. Gebannt lausche ich, ohne Wahrheit von Erfindung trennen zu können. Wie er nach Limogne kam, klingt fast wie ein Krimi: Zwei Freunde, die er seit 15 Jahren kannte und denen er vertraute, lockten ihn hierher. Zusammen wollten sie ein Geschäft gründen und er sollte ihr stiller Teilhaber sein; dafür riskierte er seine ganzen Ersparnisse. Über Nacht flüchteten sie mit dem Geld, ließen ihn mittellos in Limogne zurück und blieben spurlos verschwunden. Jahre später ist er ihnen zufällig nochmals begegnet. Sie waren völlig heruntergekommen und hatten sein Geld längst ausgegeben. Er brachte es aber nicht übers Herz, seine ehemaligen Freunde anzuzeigen.

Jean-Paul Feltz musste neu beginnen, sich noch einmal von null hocharbeiten. Da habe es ihm schon geholfen, dass er in vier Berufen ausgebildet sei, aber er habe auch jede, absolut jede, Arbeit angenommen, betont Jean-Paul, ob als Hilfsarbeiter oder als Aushilfe. Er habe sogar Steine auf den Feldern gesammelt und zu Mauern aufgeschichtet und beim Straßenbau geschuftet. Keinen einzigen Tag sei er ohne Beschäftigung gewesen, bis er genug Geld gespart hatte, um sich den Laden und die Backstube kaufen zu können.

Ob es für ihn als Fremden schwierig sei, hier ein Geschäft zu führen in Konkurrenz zu den Ortsansässigen, frage ich.

»Klar!«, sagt er und lacht schallend. »Die Leute haben mich gefragt, bist du denn verrückt? Nein, habe ich gesagt, ich bin Elsässer!«

Bei den Nonnen im Kloster

Von Limogne-en-Quercy nach Vaylats, 15 km

Chocolat frisst mir aus der Hand. Mohrrüben und Äpfel sind seine bevorzugten Leckerbissen. Während ich ihn sattle und belade, stecke ich ihm immer wieder etwas Gutes zu und er lässt sich gern ablenken.

Die rotweißen Wanderzeichen weisen uns aus Limogne hinaus, vorbei an einem Teich, der früher den Frauen als Waschplatz diente. Die »Waschbretter« sind noch erhalten und könnten jederzeit wieder benützt werden. Es sind schräg gestellte Kalksteinplatten, deren raue Oberfläche sich zum Rubbeln verschmutzter Wäsche bestens eignet.

Wie gestern schon wandern wir durch dichte Eichenwälder. An den Wegrändern wachsen botanische Kostbarkeiten, besonders das rote Waldvögelein, eine prächtige, einen halben Meter hohe Orchidee, deren schnabelspitze Blüten verlockend leuchten, oder die Bienen-Ragwurz, ebenfalls eine Orchidee. Ihre samtigen, rotbraun-gelben Blüten imitieren nicht nur das Aussehen von Insekten, sondern verströmen auch deren Geruch. Mit dem Duft wollen sie männliche Insekten verführen, die Blüten zu besuchen und zu bestäuben.

Abseits des Wanderwegs soll es laut Karte wieder einen Dolmen geben. Ich nehme den Umweg in Kauf, denn die Begegnung mit diesen geheimnisvollen Grabmälern berührt mich jedes Mal auf ganz besondere Weise.

Versteckt in einem Eichenhain und umgeben von blühenden Wiesen, entdecke ich den Dolmen. Vier riesige Steinplatten stehen sich aufrecht gegenüber und werden von einer mächtigen Platte überdacht. Kaum vorstellbar, wie es Menschen ohne technische Hilfsmittel vermochten, die Quader von kilometerweit entfernten Steinbrüchen herbeizuzerren und den Deckstein hoch auf die Seitensteine zu wuchten.

Die Toten wurden in den Hohlraum zwischen die Steine gelegt. Am Ende der Bestattungszeremonie bedeckte man den Dolmen mit Erde, wobei ein künstlicher Hügel entstand. Allmählich überwucherte Vegetation die Wölbung. Im Inneren befand sich die Grabkammer, wo die Toten wie in einem schützenden Kokon lagen, als würden sie auf ihre Verwandlung warten. Ob die Erbauer dieser Grabmäler an ein Weiterleben nach den Tod glaubten oder an eine Wiedergeburt? Wir wissen es nicht. Die Monumente ihres verschollenen Glaubens geben uns unlösbare Rätsel auf.

Mit großem Aufwand schufen sie für ihre Verstorbenen eine sichere Ruhestätte, für ewige Zeiten, wie sie vermutlich dachten. Aber die Schicht aus Erde haben die Archäologen abgetragen, die Toten untersucht und die Beigaben, die vielleicht für die Reise in die Ewigkeit bestimmt waren, in ein Museum verfrachtet und in Vitrinen zur Schau gestellt. Nur die bloßen, das Grab umgrenzenden Steine, entweiht und den Blicken preisgegeben, zeugen von der einstigen Stätte der Totenverehrung. Der Anblick stimmt mich melancholisch.

Andererseits wüssten wir ohne die Forschungen der Archäologen noch weniger von dem rätselhaften Volk, das lange vor dem Bau ägyptischer Pyramiden diese gigantischen Steinmonumente schuf. Um dem Ganzen wenigstens einen Namen zu geben, hat man sich den Sammelbegriff Megalith-Kultur einfallen lassen. *Mega* bedeutet groß und *lithos* ist das griechische Wort für Stein, also Große-Steine-Kultur. Das berühmte Stonehenge in England gehört zum Beispiel zu diesem Kulturkreis. Jedoch nicht die Kelten, wie viele glauben, haben Dolmen, Menhire und Steinkreise geschaffen. Das ist unmöglich, weil das Volk der Kelten erst Jahrtausende später eine Rolle spielte.

Die Erbauer der Steinmonumente lebten in früher Vorzeit, vor etwa 5000 Jahren. Damals lernten die Menschen Kupfer zu schmelzen und Bronze herzustellen. Ötzi, der Mann aus dem Eis des Similaungletschers in den Alpen, war ihr Zeitgenosse. Sie müssen sich weit über die Erde ausgebreitet haben, denn in Nord-, Süd- und Westeuropa, in Afrika und Asien, an Küsten, auf Inseln und entlang der Flüsse schufen sie ihre Bauwerke. Sogar bei meiner Kamelwanderung im Jemen fand ich Grabmäler aus der Megalith-Kultur. War es ein Seefahrer- und Handelsvolk, das den Steinkult vom nördlichen Ende Europas, dem heutigen Irland, übers Mittelmeer bis Afrika, Asien und zur Südsee verbreitete?

Die Dolmen künden von der Sehnsucht der Menschen, den Tod zu überlisten, so scheint es mir. Mit gewaltiger Anstrengung schufen sie einen steinernen Kokon, als könnten sie so die Toten vor dem Zerfall schützen. Der Stein als Gewähr für Unsterblichkeit.

Ein letzter Blick hinein in die Höhlung des Dolmen, dann ziehe ich mit Choco weiter. Wolkenbruchartiger Regen kommt über uns und schwemmt die Erde hinweg. Rotbraune Bäche rinnen die Pfade entlang.

Ein Mann, der trotz der nassen Kälte nur Badehose und Turnschuhe trägt, rennt an uns vorbei. Er joggt im Regen, aber seine Bewegungen sind verkrampft und sein rosiger, schwammiger Körper wirkt wenig sportlich. Als wäre er plötzlich von der Idee heimgesucht worden, den Kontakt zur Natur suchen zu müssen, hastet er schwerfällig und ächzend dahin.

Kaum hundert Meter weiter entdecke ich inmitten der Waldeinsamkeit ein neugotisches Schloss mit Türmchen und Erker. Der Jogger in Badehose muss der Schlossherr sein, denn weit und breit gibt es keine anderen Häuser. Das Tor bewachen zwei imposante Gockel aus Gips, auch entlang der Freitreppe sind kunterbunte Hähne aufgestellt. Zwar weiß ich, dass Franzosen auf ihr Wappentier ungeheuer stolz sind, dennoch muss ich über das aufgeplusterte Federvieh schmunzeln. Denn wie man aus Fabeln und Sprichwörtern weiß, schlägt man eitlen Hähnen den Kopf ab und wirft sie in den Kochtopf, wenn sie zu laut krähen. Aber vielleicht wachsen Franzosen mit der Vorstellung heroischer Hühnervögel auf.

Der Wald wird lichter und bald wandern wir durch Wiesen, auf denen bereits Sommerblumen blühen: Margeriten, Glockenblumen, Skabiosen und violette Witwenblumen. Der Weg führt uns in den kleinen Ort Bach. Der Name klingt nicht gerade französisch und tatsächlich ist das Dorf nach einer deutschen Familie benannt, die sich im 18. Jahrhundert hier ansiedelte und von der noch immer Nachkommen im Dorf leben. Einerseits ist ihnen ihre deutsche Herkunft bewusst, andererseits legen sie Wert darauf, »echte« Franzosen zu sein. Das brachte sie während des Zweiten Weltkrieges in tödliche Gefahr. Um zu beweisen, dass sie nicht mit den deutschen Besatzern kollaborierten, betätigten sich Mitglieder der Familie im Widerstand. Gaston Bach wurde deshalb von den Deutschen im Jahr 1944 hingerichtet. Eine Gedenktafel an einer Hauswand in Limogne erinnert an sein Opfer.

Spät am Nachmittag erreichen Chocolat und ich den Ort Vaylats, wo wir uns im Kloster angemeldet haben, denn die Nonnen vom Orden der Töchter Jesu vermieten Zimmer an Pilger.

Mit seiner hohen Steinmauer wirkt der Konvent gut behütet, doch seine Pforten sind weit geöffnet. Ich ziehe an einer Schnur, die eine Glocke in aufgeregtes Bimmeln versetzt. Ein Fenster im obersten Stock wird geöffnet und eine Nonne mit dunkelblauer Haube verspricht, jemanden zu schicken.

Mindestens eine halbe Stunde vergeht und mein Esel knabbert hungrig am kurz gemähten Rasen des Vorgartens. Endlich erscheint Schwester Jean-Gabriel und begrüßt mich herzlich. Sie greift tatkräftig nach Chocolats Leine, als hätte sie alle Tage mit Eseln zu tun, und führt ihn über Kieswege hinter das Kloster zu einer Wiese, wo die Nonnen gewöhnlich ihre Wäsche trocknen. Mit einem Holzhammer rammt sie einen Eisenpfahl in den Boden und lässt es sich nicht nehmen, Chocolat höchstpersönlich daran festzubinden. Sie will nämlich sicher gehen, dass er nicht in das benachbarte Maisfeld gelangen kann.

Das Zimmer, das sie mir dann zuweist, befindet sich in einem Nebengebäude unter dem Dach, hat dunkelbraune Stützbalken, schräge Wände und einen von unzähligen Füßen glatt geschliffenen Steinboden. In der Mitte thront ein bequemes Bett mit rustikalem Holzgestell. Durch das Dachfenster blicke ich über bemooste Ziegel zum Hauptgebäude hinüber und der Duft blühender Lindenbäume weht in den behaglichen Raum herein.

Die Brücke des Teufels

Cahors

Schwester Jean-Gabriel fährt wie der Leibhaftige. Mit hundert Sachen rattert sie über die Landstraße, bringt den alten Lieferwagen auf Hochtouren. Die Kurven nimmt sie mit Schwung und vom Gegenverkehr lässt sie sich nicht einschüchtern. Ich drücke mich fest in den Beifahrersitz. In einer halben Stunde bewältigen wir eine Strecke, für die ich mit meinem Esel zwei Tagesmärsche benötigt hätte.

Mehr als drei Wochen habe ich mich nur zu Fuß fortbewegt, Schritt für Schritt eine Strecke von über 300 Kilometern durchmessen, da ändern sich Dimensionen und Empfindungen. Zurückgeworfen ins motorisierte Zeitalter, erscheint mir die Fahrt unfassbar rasant. Die Landschaft fliegt vorbei, alles verschmilzt miteinander – Rausch der Geschwindigkeit.

Die Schwester fährt zum Einkauf nach Cahors und hat mich eingeladen mitzukommen, damit ich die Stadt ohne Esel in Ruhe besichtigen kann. Am Abend, meint sie, könne ich mit dem Bus ins Kloster zurückfahren. Chocolat bleibt so lange unter der Obhut von Marie-Jacques, einer zerbrechlich wirkenden Nonne mit barscher Stimme. Trotz hohen Alters und gekrümmtem Rücken wuselt sie mit eiligen Trippelschritten die Klostergänge entlang, hackt und jätet rastlos auf den Feldern rund ums Kloster.

Marie-Jacques ist nicht einverstanden, als ich Chocolat von der abgeweideten Wiese zu einer frischen führe, weil sie befürchtet, der Esel könnte ins Maisfeld hineinlaufen. »*Le maïs est à nous!*« – das ist unser Mais, sagt sie streng und bringt Choco zur alten Stelle zurück.

Bald darauf, wie zur Versöhnung, schleppt sie auf dem Rücken einen Ballen Heu herbei. Dann steckt sie Chocolat heimlich Leckerbissen zu, die sie aus ihren unergründlichen Rocktaschen kramt. Marie-Jacques verbirgt scheu ihren weichen Kern und zeigt nach außen eine harte Schale.

Der Konvent wurde im Jahr 1820 gegründet und wird heute von 25 Nonnen bewohnt, die dem Orden »Filles de Jésus« angehören. Die meisten sind über 80 Jahre alt. »Das Kloster ist unser Alterssitz«, klärt mich Schwester Jean-Gabriel auf. Mit ihrem rosigen, glatten Gesicht, den nur leicht angegrauten Haaren, die gelockt unter ihrer dunkelblauen Haube hervorlugen, wirkt sie auf mich tatkräftig und mitten im Leben stehend. Unser Gespräch gestaltet sich schwierig wegen des knatternden Motors und der scheppernden Karosserie. Und dann sind wir schon in Cahors, mitten in einem Gewirr von Häusern und Straßen.

Das Schicksal der Stadt ist seit Jahrtausenden mit dem Fluss Lot verbunden, der sie in einer Schleife umrundet und schützt. Die Kelten siedelten hier als Erste und nannten den Ort Divona, nach einer Quelle, die in der Nähe entsprang. Die Quelle sprudelt noch heute, ihr Wasser ist begehrt und bekannt als »Fontaine des Chartreux«. Als die Römer in Gallien eindrangen und die Kelten nach harten Kämpfen besiegten, fügten sie dem Ortsnamen Divona die keltische Stammesbezeichnung »Cardurca« hinzu, woraus später Cahors wurde. Römische Bauwerke gaben dem Ort ein prachtvolles Aussehen: Forum, Thermen, Theater, gallorömische Villen und ein 20 Kilometer langer Aquädukt, der frisches Wasser aus den Bergen in die Stadt leitete. Der schiffbare Lot erleichterte den Handel und brachte Wohlstand in die Stadt, die weit über ihre Grenzen berühmt war für Gänsedaunen, Leinengewebe und Trauben. Sie reiften an den südlichen Hängen des Lot und wurden zu fruchtigen Weinen vergoren.

In den Stürmen der Völkerwanderung versank alles in Schutt und Asche, aber mit dem Erstarken des Christentums unter Bischof Desiderius gelang es, den Niedergang zu überwinden. Das war im 7. Jahrhundert und Cahors erlebte eine zweite Blütezeit. Mit seiner Leidenschaft für das Bauen gelang es Desiderius, aus den Trümmern des antiken Divona Cardurca eine neue Stadt zu formen. Wieder war es die günstige Lage am Wasserweg und der Geschäftssinn der Bürger, die Cahors aufblühen ließen. Kaufleute und Bankiers aus Cahors spielten nicht nur in Frankreich eine entscheidende Rolle, sondern in der ganzen damals bekannten Welt.

Der Hundertjährige Krieg (1337–1453) zwischen England und Frankreich zerstörte die hoffnungsvolle Entwicklung. Die Engländer hielten ganz Südfrankreich besetzt, allein Cahors war noch frei, weil der Fluss Lot die Stadt wie eine Bastion umschloss und die Bewohner mutig Widerstand leisteten. Erst der Verrat ihres Königs lieferte die zuvor uneinnehmbare Stadt den Engländern aus. Mit einem Schlag war alles wie ausgelöscht. Von diesem Niedergang sollte sich Cahors nie wieder richtig erholen.

Wenn auch nichts mehr daran erinnert, dass Cahors im Mittelalter geschäftiger Umschlagplatz des Geldes war, beweisen doch einige prunkvolle Häuser den erfolgreichen Unternehmergeist auch späterer Generationen: In der Rue Lastié steht ein Gebäude aus dem 16. Jahrhundert mit Arkaden, über denen eine Reihe von drei Zwillingsfenstern entlangführt. In der gleichen Straße bewundere ich einen Ziegelbau mit kunstvollem Fachwerk. Wieder andere Gebäude schmücken sich mit Erkern und prachtvoll geschnitzten Türen. An einem historischen Fachwerkbau entdecke ich den *soleilho*, eine offene Dachgalerie, wie ich sie schon in Figeac gesehen habe. Mit dem Bau dieser beeindruckenden Wohnhäuser wollten Kaufleute ihren Reichtum zur Schau stellen und ihren kunstsinnigen Geschmack demonstrieren.

Ziel meines Rundgangs ist die Kathedrale Saint-Étienne. Sie überrascht mich durch ihre Größe und ihre klobigen Formen, die mich eher an eine Festung denken lassen. Gleich zwei Türme flankieren die Westfassade. Da sie nicht separat stehen, sondern im Mauerwerk der Fassade verschmolzen sind, erscheint die Front wie ein gewaltiger Bergfried, streng und starr. Immerhin lockert eine Fensterrose den trutzigen Anblick etwas auf.

Um 1100 legte man den Grundstein und nach nur 19 Jahren Bauzeit wurde der Hauptaltar von Papst Kalixtus II. geweiht. Obwohl Anfang des 12. Jahrhunderts erbaut, zeigt die Kathedrale deutlich den Übergang von der Romanik zur Gotik. Am reinsten erhalten hat sich die Romanik am Nordportal. Diese Seite der Kathedrale liegt leider an einer viel befahrenen Straße. Auf dem schmalen Bürgersteig vor der Kirche blicke ich nach oben und versuche das Tympanon zu entschlüsseln. Es widmet sich der Himmelfahrt Christi, einem Thema, das an Portalen selten zu finden ist.

Im Mittelpunkt steht Christus. Von einer ovalen Mandorla umhüllt, fällt sein Gewand in weiten Falten geschmeidig an ihm herab. Die Hände hat er segnend erhoben. Neben ihm biegen und verrenken sich zwei Engel in ekstatischer Entzückung. Sie sind die Einzigen, die mit ihrem entfesselten Tanz außer Kontrolle geraten sind. Dagegen verharren die Jünger in himmlischer Ruhe und in anmutiger Pose unter filigranen Bögen. Nur elf von ihnen hat der Steinmetz für würdig befunden. Judas fehlt. Dabei war doch gerade er es, der dem göttlichen Plan zur Erfüllung verhalf. Ohne ihn hätte es keine Erlösung gegeben und keine Himmelfahrt Christi.

So friedlich und sanftmütig das Tympanon zunächst auf mich wirkt, bei genauem Hinsehen fehlen auch hier nicht die obligaten Szenen von Gewalt: Drei Männer holen weit aus und schleudern Steine auf den heiligen Stephanus, der kniend, Augen und Hände gläubig zu Christus erhoben, den Märtyrertod erleidet.

Das Innere der Kathedrale wird beherrscht von riesigen Kuppeln, die zwei quadratische Räume überdecken. Diese Kuppeln sind die größten Frankreichs. Mit 37 Metern sind sie sogar höher als das Kirchenschiff von Notre Dame in Paris. Wie schon in Le Puy haben sich die Baumeister von Byzanz inspirieren lassen und die Kuppeln der berühmten Hagia Sophia nachempfunden.

Die Leistung der Architekten bewundere ich, ihr Können, ihre Kreativität, ihre Anstrengung. Die Kathedrale ist gewaltig in ihren Ausmaßen, aber leider – sie gefällt mir nicht besonders. Ich spüre keine Harmonie der Proportionen, mich ergreift keine Zuneigung und ich vernehme keine Melodie. Irgendetwas klingt auch hier, aber die Töne fügen sich nicht melodisch aneinander, sondern verirren sich in Disharmonie.

Das unbestrittene Symbol Cahors' ist die Brücke Pont Valentré. Sie spannt sich mit sechs Bögen über den Lot und spiegelt sich in seinem Wasser. Weniger der Verbindung nach außen diente sie, sondern der Abschottung, dem Schutz gegen Feinde und Gegner. Drei viereckige Türme sind in der Brücke massiv verankert und oben mit Zinnen und Pechnasen bewehrt. Mit 40 Meter Höhe demonstrierten sie eindrucksvoll ihre Wehrhaftigkeit und ermöglichten den Wächtern einen hervorragenden Ausblick. Diese Wehrbrücke ist ein perfektes Beispiel der Militärarchitektur des Mittelalters, sie gilt aber auch als eine der schönsten Brücken Frankreichs.

Im Jahr 1308 wurde mit dem Bau der Brücke begonnen und niemand ahnte, dass es 70 Jahre dauern würde, bis die Pont Valentré endlich eingeweiht werden könnte. Eine derart kolossale Brücke durfte nicht allein Menschenwerk sein und so flehte der Baumeister sämtliche Heiligen, die Jungfrau Maria, selbst Gottvater um Hilfe und Beistand an, doch die Himmelsbewohner waren offenbar anderweitig beschäftigt und ließen ihn im Stich. Die Probleme nahmen überhand, sogar Pfeiler stürzten ein und der Meister wusste sich keinen Rat mehr. Vom Himmel verlassen, wandte er sich in seiner Not an den Teufel. Der schien auf den Ruf gewartet zu haben. Bereitwillig eilte er herbei, um tatkräftig zu helfen. Nicht einmal einen Lohn verlangte er, nur die Seele des Brückenbauers, die hätte er gern. Und der versprach sie ihm auch. Flugs ging der Teufel an die Arbeit. Auf einmal gelang alles – Bögen, Pfeiler, Geländer, Wachtürme fügten sich in höllischer Geschwindigkeit zusammen und wuchsen in die Höhe. Der Meister war überglücklich, gleichzeitig aber wurde ihm himmelangst. Er sann und grübelte, wie er seine Seele retten könnte. In seiner Verzweiflung vertraute er sich seiner Frau an. Sie hatte eine Idee und drückte ihrem Mann ein Sieb in die Hand. »Befiehl dem Teufel, Wasser mit dem Sieb zu holen, um den Mörtel anzufeuchten. Warte damit aber, bis der letzte Stein eingefügt werden muss«, belehrte sie ihren Mann und umarmte ihn fest.

Der Baumeister tat, wie ihm seine Frau geraten hatte. Mit dem Sieb in der Hand flitzte der Teufel hektisch hin und her. Aber es gelang ihm nicht, einen einzigen Tropfen Wasser vom Fluss heraufzuschaffen. Der Mörtel trocknete indessen ein und der Teufel konnte seinen Kontrakt nicht erfüllen. Das Werk blieb unvollendet, wenn auch nur wegen eines einzigen Steines.

Noch immer hängt der Teufel hoch oben am mittleren Turm. Mit fratzenhaft verzerrtem Gesicht drückt er den vermaledeiten letzten Stein in die Lücke des Gemäuers. Er darf ihn nicht loslassen, denn sobald sich der Stein löst und in den Fluss fällt, beraubt er sich der Chance, doch noch die Seele des Baumeisters zu holen.

Niemand kann mir sagen, wo der Bus abfährt, der mich ins Kloster zurückbringen soll. Im Touristenbüro weist man mir zwar freundlich den Weg und am Busbahnhof fahren viele Busse ab, nur nicht der nach Vaylats. Ein Anruf in der Zentrale des Busunternehmens klärt mich auf und mit Hilfe des Stadtplans finde ich die abgelegene Straße, aber keine Spur einer Haltestelle. Nirgendwo ein Hinweisschild. Beunruhigt gehe ich die Straße auf und ab. Drei Minuten vor Abfahrt biegen vier Busse hintereinander in die Straße ein. Alle sehen gleich aus, Nummern und Zielortangaben fehlen. Nun habe ich die Wahl! Mir bleibt wenig Zeit, den richtigen Bus herauszufinden. Panisch rase ich von einem zum anderen. Der Fahrer des vierten Busses meint, er fahre zwar nach Vaylats, könne mich aber trotzdem nicht mitnehmen.

»*Pourquoi?*«, frage ich fassungslos. Er antwortet, seine Fahrgäste seien Schüler mit Monatskarten und es gebe keine Individualtarife. Schließlich erbarmt er sich meiner, ruft seinen Chef an und erkundigt sich, ob er mich mitnehmen dürfe und welchen Fahrpreis er abrechnen solle. Dann nickt er mir auffordernd zu und erleichtert steige ich ein.

Im Kloster führt mich mein erster Weg zu Chocolat. Er liegt satt im Gras, springt aber sofort auf, als er mich sieht, und blickt mich erwartungsvoll an, als hoffe er, wir würden gleich losmarschieren.

»Noch ein wenig Geduld, *mon petit,* genieße den Ruhetag. Morgen früh geht's weiter zu neuen Abenteuern!«

Marie-Jacques hat ihn während meiner Abwesenheit gut betreut. Ein neuer Ballen Heu liegt da und sein Fell glänzt, als hätte sie es gebürstet. Allerdings hat sie die 15 Meter lange Leine mit einer Schlaufe auf ein Drittel verkürzt, damit er ja keines ihrer Maisblättchen anknabbern kann.

Die Römerstraße

Von Vaylats nach Flaujac-Poujols, 15 km

Im Übernachtungspreis sind Frühstück und Abendessen inbegriffen und werden zu festgesetzten Zeiten serviert. Gestern Abend und heute Morgen hatte ich allein im holzgetäfelten Essraum an einer langen Tafel gespeist, jetzt stehen vor den Türen der anderen Gästezimmer Wanderschuhe, ein Zeichen, dass neue Pilger angekommen sind. Gespannt gehe ich zum Hauptgebäude hinüber.

»*Bonsoir et bon appétit!*«, grüße ich etwas verunsichert in die Runde. Da ruft mir eine bekannte Stimme zu: »Komm her, hier ist noch Platz für dich!« Es ist Justin. Er hatte meinen Esel im Klostergarten entdeckt und wusste schon, dass ich zum Abendessen kommen würde. Außer Justin sitzen noch Angela und Ruben aus Köln und Cassie aus Boston am Tisch. Eine Nonne trägt das Essen auf. Es gibt ein köstliches Vier-Gänge-Menü und Rotwein aus Krügen.

»Wie hast du denn in Amerika vom Pilgerweg erfahren?«, frage ich Cassie.

»Einfach nur durch Zufall. Mein Nachbar war in Spanien und sah dort immer wieder Menschen mit Rucksäcken. Alle gingen den gleichen Weg. Er wunderte sich, was das für Leute waren und wohin sie wanderten. Man erzählte ihm von Santiago de Compostela und er war so inspiriert, dass er am liebsten selbst gepilgert wäre. Zurück in Boston, schwärmte er tagelang vom Pilgerweg. Er selbst kann aus gesundheitlichen Gründen nicht so weit gehen und so habe ich seine Idee verwirklicht und bin vergangenes Jahr den Weg von den Pyrenäen bis nach Santiago de Compostela gepilgert. Das war super! Nun will ich auch den französischen Teil des Weges gehen.«

»Du kennst also den spanischen Pilgerweg«, sage ich. »Dann kannst du ja vergleichen. Wie beurteilst du die beiden?«

»Mir gefällt es hier wie dort, obwohl sie grundverschieden sind. Hier in Frankreich ist vor allem das Essen besser, das genieße ich sehr, und die Unterkünfte sind meistens sehr komfortabel. Der Weg allerdings ist anstrengender, ständig geht es auf und ab, und die Natur ist wilder und sehr ursprünglich. Der sportliche Aspekt, das reine Wandern, steht in Frankreich mehr im Vordergrund. In Spanien aber wirst du sofort zum Pilger, weil dich alle als einen solchen behandeln. Die Spanier rufen dir zu: *suerte por el camino, ultreia!* Und die Herbergen heißen *refugios* und dort übernachten ausschließlich Pilger, keine Wandergruppen. Aber diese Unterkünfte sind oft sehr, sehr einfach. Manchmal haben wir mit unseren Matten und Schlafsäcken sogar auf dem nackten Boden gelegen. Am Ende jeder Tagesetappe trifft man fast immer die gleichen Leute. Das ist dann ein Hallo, ein Fragen, Erzählen und Austauschen. Es bildet sich sehr schnell ein Gemeinschaftsgefühl und Freundschaften entstehen. Es sind unglaublich viele Menschen in Spanien unterwegs und die Herbergen sind übervoll, aber ich habe nie erlebt, dass einer abgewiesen wurde. Insgesamt steht der religiöse Aspekt im Vordergrund, man besucht gemeinsam Messen und betet.«

»Cassie, das war ja eine perfekte Analyse. Ich bin den *camino* auch gegangen und kann dir nur zustimmen. Du hast es auf den Punkt gebracht!«

»Ich habe Jura studiert«, sagt sie. »Da lernt man Plädoyers zu halten. Ich war mal Anwältin. Inzwischen engagiere ich mich aber für Umweltprojekte und bin für die Finanzierung und Verwaltung der Spenden verantwortlich.«

Die Tür öffnet sich und Schwester Jean-Gabriel schwebt herein. Sie will wissen, ob es uns geschmeckt hat, dann drückt sie jedem einen Stempel mit den Insignien des Klosters in den Pilgerausweis.

»Wissen Sie, dass Ihr Name im Internet steht?«, fragt Cassie.

»Was? Mein Name? Das kann doch nicht sein!«

»Doch!«, beharrt die Amerikanerin. »Ein Pilger hat sein Tagebuch ins Internet gestellt. Er war hier im Kloster und hat Sie kennen gelernt.«

»Na so was! Im Internet!« Schwester Jean-Gabriel kichert. »Da müssen wir uns doch glatt einen Computer anschaffen.«

Danach wollen sie alle Chocolat sehen und Cassie kramt trockenes Brot für ihn aus dem Rucksack.

Am nächsten Morgen frühstücken wir gemeinsam. Angela, Ruben, Cassie und Justin wollen an diesem Tag bis Cahors pilgern. Ich bin froh, dass ich gestern schon dort war und mich jetzt nicht mit Chocolat in das Gedränge der Stadt begeben muss. Auf der Karte habe ich eine Abkürzung gefunden, die an der Stadt vorbei auf die Hochfläche hinaufführt. Dort müsste ich wieder auf den Pilgerweg treffen, der von Cahors kommt.

Bis ich Chocolat gesattelt und beladen habe, sind meine Pilgerfreunde längst auf und davon. Schwester Jean-Gabriel eilt herbei und legt zum Abschied wie segnend beide Hände auf Chocos Kopf. Mich beschenkt sie mit einer herzlichen Umarmung.

Schwester Marie-Jacques lugt versteckt hinter einer Ecke hervor, winkt und tut gleich wieder geschäftig. Von Choco hat sie sich früh am Morgen zärtlich verabschiedet, wie ich heimlich beobachten konnte.

Der Wanderweg ist mit Kies aufgeschüttet. An einer Seite von einer Steinmauer begrenzt, führt er kilometerlang fast schnurgerade durch das Land. Er wird *cami ferrat* genannt – befestigter Weg – und ist eine von den Römern angelegte Straße, die früher einmal Rodez mit Cahors verband. Nach dem Niedergang des Römischen Reiches blieben die historischen Straßen noch über Jahrhunderte als Handelswege erhalten, bis unsere motorisierte Zeit breitere Verkehrswege verlangte.

Es inspiriert mich immer wieder, auf alten Wegen zu gehen, mir die Menschen vorzustellen, die vor mir hier gegangen sind, welche Schicksale sie hatten, was sie geträumt und gefühlt haben. Die Wenigsten waren reich genug, sich ein Pferd zu leisten oder gar mit der Kutsche zu fahren. Handwerker, Händler, Pilger hatten selten die Wahl und mussten, wollten sie von Ort zu Ort gelangen, einfach zu Fuß gehen. Wir dagegen können wählen zwischen den verschiedensten Verkehrsmitteln: Zug, Bus, Auto, Flugzeug – und doch entdecken immer mehr Menschen, wie wichtig es für sie ist, sich wieder Schritt für Schritt fortzubewegen. Nicht aus äußerer Not begeben sie sich auf den Weg, sondern für ihr inneres Befinden, wie Cassie, die sogar von Amerika angereist kam, um auf der *via podiensis* zu pilgern.

Angela, Ruben, Cassie und Justin haben gerade ihre Rast beendet, als Choco und ich den Weg entlangkommen. Im Schatten einer alten Mühle sitzen sie zusammen und begrüßen mich mit freudigem Hallo, als hätten wir uns Tage nicht gesehen.

»Echt stark!«, freut sich Ruben. »Nun sehe ich Chocolat tatsächlich in Aktion, beladen und bepackt.« Leider müssen sie gleich weiter, da sie bis Cahors noch 15 Kilometer vor sich haben.

Am späten Nachmittag, kurz vor Flaujac-Poujols, biege ich mit Choco in ein stilles Seitental ab. Bald finde ich den idealen Platz zum Campen, einen Flecken Ödland mit trockenen Gräsern, Hasenklee und Kräutern. Es ist schön, nach der komfortablen Übernachtung im Kloster wieder draußen zu sein, mein Zelt aufzustellen, auf der bloßen Erde zu sitzen und Chocolat in meiner Nähe zu haben. Einen Moment war ich versucht, ihn frei weiden zu lassen, denn der Wiesenstreifen ist von einer dichten Hecke abgeschirmt und auf der anderen Seite von Wald begrenzt. Nur an den beiden Schmalseiten könnte er sich davonmachen. Das war zunächst weniger meine Besorgnis, vielmehr wollte ich erreichen, dass er sich aufs Fressen konzentriert. Ist er nämlich nicht angebunden, zupft er lässig hier ein Blättchen, nimmt dort ein Hälmchen zwischen die Zähne und wandert unruhig hin und her, weil er offenbar meint, das Futter sei überall dort am besten, wo er gerade nicht ist.

Plötzlich hebt Choco den Kopf, starrt hinüber zum Berghang, die Ohren auf Empfang gestellt, die Muskeln gespannt. Seine Haltung signalisiert mir, dass er etwas Ungewöhnliches wahrnimmt. Beunruhigt frage ich mich, wer oder was es sein könnte.

Dann, wie aus dem Nichts, graue Schatten und wildes Getrappel. Am Hang wälzt sich eine Schafherde herab. Tierleiber dicht an dicht, wie eine donnernde Lawine.

In Panik bäumt Chocolat sich auf und will voller Angst davon. Zum Glück – die Leine hält und verhindert seine Flucht.

Warum aber fürchtet er sich vor Schafen? Ich kann mir nur denken, dass bei ihm ein Fluchtreflex ausgelöst wird, wenn Tiere in Massen auftauchen, sich hastig bewegen und mit dröhnenden Hufen über den Boden stampfen.

Einsam sind die Tapferen

Ich öffne den Reißverschluss meines Zeltes und schrecke vor Kälte zurück. Gerade einmal fünf Grad zeigt das Thermometer an. Für die Jahreszeit zu kalt, würde der Wetterbericht sagen. Immerhin haben wir Juni. Gestern Mittag hatte ich 28 Grad gemessen. Wegen des krassen Unterschieds zwischen Tag und Nacht schlägt sich Tau in dicken Tropfen nieder. Alles ist feucht, als hätte es geregnet. Chocolat hat sich unter eine Baumkrone am Waldrand geflüchtet. Klamm, mit hängenden Ohren, wartet er auf bessere Zeiten. Sein Morgengruß klingt eingerostet.

Jetzt beginnen auch die Vögel mit ihrem Gesang. Deutlich kann ich Pirol, Rotkehlchen, Singdrossel und Fitislaubsänger unterscheiden, dazwischen rätscht heiser ein Eichelhäher. Endlich geht die Sonne auf, aber es dauert, bis ihre Strahlen das enge Tal bescheinen. Chocolat weiß genau, was gut für ihn ist. Sobald der erste Sonnenfleck aufleuchtet, stellt er sich in das Licht des frühen Morgens und lässt sich wärmen.

Als wir weiterziehen – keine Spur mehr von Nässe und Kälte. Ein heißer Tag kündigt sich an. Die gemähten Wiesen sind übersät mit Heuballen, gepresst und gerollt. Neben einem Haus am Wegrand fällt mir ein altes Fass auf, das einem Hund als Unterschlupf dient. Der Hund liegt ausgestreckt im Fass, nur seine Schnauze ragt heraus. Völlig untypisch für einen Hund, nimmt er von uns keinerlei Notiz – nicht einmal einen kurzen Beller ist ihm Chocolat wert. Unwillkürlich muss ich an Diogenes denken, den Philosophen, der ebenfalls in einem Fass hauste und nichts anderes wollte, als in

Ruhe gelassen zu werden. Auf die gönnerhafte Frage Alexander des Großen, was er sich wünsche, entgegnete er nur lapidar: »Geh mir aus der Sonne!«

Zuerst vernehme ich dumpfes Grollen, das sich bald zu ohrenbetäubendem Lärm steigert. Leider führt der Pilgerweg direkt auf eine Baustelle zu, mehrere hundert Meter breit ist die Erde aufgerissen. Bagger wühlen, Walzen quetschen, Motoren röhren, Mammutfahrzeuge transportieren den Mutterboden ab, andere karren Kies heran.

Eine Autobahn wird gebaut, lese ich auf einem Schild. Wie eine klaffende Wunde durchbricht die Trasse die Landschaft. Wege, Pfade, Verbindungen zwischen Dörfern, seit Jahrhunderten benutzt, werden abgeschnitten, zerteilt, verschwinden für immer. Ein Wegenetz hat auch sein Leben, ist ein Stück gewachsene Kultur mit eigener Geschichte. Wege passen sich der Landschaft an und richten sich zugleich nach den Bedürfnissen der Menschen. Wer das Netz der Wege zerstört, vernichtet ein gemeinsames Werk von Mensch und Natur.

Chocolat und ich müssen die Baustelle queren, weil sich die rotweißen Wanderzeichen auf der gegenüberliegenden Seite der zukünftigen Autobahn fortsetzen. Den Lastwagenfahrern und Baggerführern biete ich mit meinem Esel gewiss einen anachronistischen Anblick. Langsam verebbt der Lärm und wir lassen den Albtraum hinter uns. Ich atme auf und ahne nicht, welche wirklichen Gefahren uns heute noch bevorstehen.

Schließlich erreiche ich die Abzweigung, die ich zuvor auf der Karte ausgemacht habe. Ich verlasse den Pilgerweg, der weiter nach Cahors führt, und wähle eine Abkürzung, die laut Beschilderung als Reitpiste angelegt wurde und mit orangefarbenen Punkten markiert ist. Die Farbe glänzt noch frisch, ist also erst wenige Tage alt. Um die Piste zu bahnen, hat man im Wald einfach Bäume umgesägt, gerade breit genug für Pferd und Reiter. Choco mit den Packsäcken zu beiden Seiten bleibt hin und wieder zwischen zwei Baumstämmen stecken. Da muss ich dann das Gepäck vom Sattel nehmen und ihn nach der Engstelle neu beladen. Wer diesen Pfad angelegt hat, dürfte noch nie von einer natürlichen, der Landschaft harmonisch angepassten Wegführung gehört haben. Mir kommt es vor, als habe der Wegeplaner mit dem Lineal einfach einen geraden Strich auf der Karte gezogen und diesen gefühllos in die Natur übertragen.

Auf der Karte sehe ich, dass es bis Granejouls nicht mehr sehr weit sein kann, aber, o Schreck, dazwischen liegt ja die *route nationale N 20*, eine große Überlandstraße. Noch wandern wir im Wald, aber der Verkehrslärm dringt schon beängstigend durch die Vegetation wie das Rauschen eines gewaltigen Wasserfalls.

Plötzlich ein Schild mit der Aufforderung: »Achtung! Reiter absteigen!« Dann, etwa hundert Meter nach dem Warnschild, führt der Pfad aus dem Wald hinaus ins Freie. Vor mir liegt die Verkehrsader, gleißend hell im Sonnenlicht mit einem fortwährenden Strom von Fahrzeugen. Noch mache ich mir keine Sorgen wegen der Überquerung, befinde ich mich doch auf einem offiziell angelegten Weg. Irgendwo wird es schon einen sicheren Übergang geben.

Am Waldrand suche ich einen kräftigen Baum und binde Chocolat fest. Dann gehe ich bis zum Rand der Straße, um mir einen Überblick zu verschaffen. Auf der gegenüberliegenden Seite leuchten mir die orangefarbenen Punkte entgegen, dort setzt sich also der Pfad fort. Aber weit und breit kann ich keine Überführung entdecken. Ich will es noch nicht glauben. Das kann doch nicht wahr sein! Wer diese Reitpiste geplant hat, kann nicht im Ernst wollen, dass man die Schnellstraße hier schutzlos überquert! Was soll ich tun?

Aufmerksam beobachte ich den Verkehrsstrom. Hin und wieder reißt er für wenige Augenblicke ab, ein Moment der Stille, eine

Lücke. Allein könnte ich schnell hinüberrennen, aber zusammen mit Chocolat?

Noch zögere ich, die Knie werden mir weich beim Gedanken an die Gefahr. Zwar hatte mein Esel bisher bei Konfrontationen mit Fahrzeugen nie Angst gezeigt, aber wenn er diesmal doch in Panik gerät, sich losreißt und auf die Fahrbahn springt? Sollte ich nicht lieber umkehren, zurück auf den Pilgerweg, und den Umweg über Cahors wählen, selbst wenn es uns drei Tage kostet? Letztlich entschließe ich mich für das Wagnis. Es müsste gelingen, wenn ich nur genügend Geduld aufbringe und auf den richtigen Moment warte, bis die Verkehrslücke groß genug ist.

Ich binde Chocolat los und gehe mit ihm bis dicht an die Straße heran. Eine Hand fest an sein Halfter geklammert, in der anderen den Wanderstock, warte ich mit meinem Esel am Straßenrand auf unsere Chance. Starten können wir erst, wenn beide Seiten gleichzeitig frei sind.

Von den Windstößen der vorbeidonnernden Laster werden wir gebeutelt, auch Choco kneift die Augen schmal zusammen. Das an- und abschwellende Geräusch der rollenden Räder versetzt mich in eine Art Trance. Bilder kommen mir in den Sinn: ein Reiter, der wild durch eine einsame Landschaft galoppiert, und gleichzeitig ein Lastwagen, der über einen Highway rast. Es scheint keinen Zusammenhang zwischen den beiden Szenen zu geben und doch werden Reiter und Fahrzeug am Ende schicksalhaft aufeinander treffen. Diese einprägsamen Bilder habe ich vor Jahren in dem amerikanischen Film »Einsam sind die Tapferen« gesehen, mit Kirk Douglas in der Hauptrolle. Er spielte einen Cowboy, der aus dem Gefängnis ausbricht und gnadenlos von der Polizei gehetzt wird. Seine einzige Chance besteht darin, über die Grenze zu entkommen. Fast hat er es geschafft, nur eine Fernstraße muss er noch überqueren, dann ist er in Mexiko. Es ist Nacht, der Regen peitscht ihm in die Augen und nimmt die Sicht. Unschlüssig verharrt er an der Böschung. In diesem Moment taucht der Laster auf. Die Scheinwerfer blenden. Das Pferd scheut. Es bäumt sich auf und macht einen Satz auf die Straße. Der Schwerlaster rast heran, erfasst Pferd und Reiter und schleudert sie in den Straßengraben. Kein anderes Fahrzeug war auf der nächtlichen Straße unterwegs, so als wäre dieser eine Wagen für den Cowboy bestimmt gewesen. Dass ein Lastwagen und ein Reiter nachts auf einsamer Straße aufeinander prallen, ist höchst unwahrscheinlich. Was für eine schicksalhafte und zugleich zynische Fügung!

Gerade jetzt, im Zugwind des Verkehrs, fällt mir dieser Film wieder ein. Mir graut davor, dass unter den vielen Fahrzeugen, die auf uns zurollen, sich eines befinden könnte, das meine Schicksalslinie schneidet. Unmöglich, das Zusammentreffen zu verhindern, denn jeder überblickt immer nur einen kleinen Ausschnitt seiner Wirklichkeit.

Jetzt oder nie! Die Straße ist frei! »En route! Vite!«, befehle ich Choco und ziehe ihn hinter mir her. Auf dem Mittelstreifen zögert er. »Schnell weiter!«, treibe ich ihn an. »Wir haben es gleich geschafft!« Aber es dauert noch eine kleine Ewigkeit, bis wir endlich alle vier Fahrbahnen überquert haben und auf der gegenüberliegenden Seite angekommen sind.

»Toll gemacht!«, lobe ich meinen Esel. »Du bist tapfer und klug, mon petit Choco!«

Weiter geht es durch karstiges Ödland. Weil es hier keine Stacheldrahtzäune gibt, will ich die günstige Gelegenheit nutzen und unter freiem Himmel übernachten. In der Nähe von Granejouls, sichtgeschützt zwischen Büschen und Bäumen, finde ich den idealen Platz, trocken und, wie zur Belohnung für Choco, mit würzigen Kräutern bewachsen.

Weiße Wege

Von Granejouls nach Lascabanes, 16 km

Chocolat hat inzwischen Deutsch gelernt. Anweisungen wie »Komm zu mir! Los geht's! Halt! Weiter!« versteht er problemlos und reagiert entsprechend. Nur bei dem Befehl »Kopf hoch!« hat er noch seine Schwierigkeiten. Ich bin mir allerdings sicher, dass er mich längst versteht, mir aber nicht gehorchen will, wenn verführerischer Duft seine Nüstern kitzelt. Es ist der Duft von Pferdeäpfeln, an denen er mit Leidenschaft schnüffelt. Er spürt sie auf, selbst wenn sie vom Regen aufgeweicht oder von der Sonne getrocknet sind. Wenn ich nicht rechtzeitig reagiere und seinen Kopf hochziehe, taucht er genüsslich sein Maul hinein, versucht zu kosten, will sich hinwerfen und im Mist wälzen. Ich würde ihm ja gern das Vergnügen gönnen, aber wenn ich an die Wurmeier und Krankheitserreger im Pferdemist denke, bin ich lieber eine strenge Eselführerin.

Doch der Boden hält für Choco auch ohne Pferdeäpfel geheimnisvolle Botschaften bereit. Mir scheint, sein scharfer Geruchssinn kann sogar Spuren verfolgen, die mehrere Tage alt sind. Wenn er beim Gehen seine Nase dicht über den Boden hält, erinnert er mich eher an einen Hund als an einen Esel.

Wenige Kilometer hinter L'Hospitalet endet der Reitpfad und mündet wieder in den Original-Pilgerweg, die *via podiensis*. Ich bin erleichtert, dass alles gut gegangen ist, und freue mich über die Zeit, die ich durch die Abkürzung gewonnen habe. Auf unserem weiteren Weg südwestlich von Cahors durchqueren wir das so genannte Herz des Quercy Blanc, ein von Flüssen zergliedertes Kalkplateau.

Eine bunte Vielfalt an Pflanzen gedeiht auf dem mageren Karstboden und seltene Tiere haben hier ein Refugium gefunden. Berauschend duftet es nach Gewürzkräutern, die kleinwüchsig den steinigen Grund bedecken. Die Ranken des Etruskischen Geißblatts dagegen wuchern üppig. Seine handtellergroßen Blüten sind filigran gegliedert, schillern rot, weiß, gelb und verströmen einen betörenden Duft. Sie umgarnen krummwüchsige Eichen, umweben Wacholderbüsche und überspannen selbst den widerstandsfähigen Ginster.

Der Himmel ist wolkenlos, die Sonne steht im Zenit und die grell weißen Wege blenden meine Augen. Zeit für eine Mittagsrast im Schatten. Sanfter Wind kühlt meine Haut. Mit 35 Grad erleben wir unseren heißesten Tag. Ein Baumpieper fühlt sich von der Mittagsglut inspiriert und beginnt seine Balzflüge. Von einem hohen Ast schwingt er sich senkrecht in die Luft, breitet die Flügel aus und gleitet zurück. Während des Segelflugs zwitschert er lebhaft wie ein Kanarienvogel und endet mit sehnsuchtsvollen Tönen. Immer wieder steigt er in den Himmel, jubiliert aus voller Kehle und schließt sein Lied mit einem melancholischen Abgesang. Dieser lebensfrohe Gesang mit dem traurigen Ende prägt sich mir ein und verbindet sich für mich unauslöschlich mit diesem sonnenflirrenden Tag.

Und weiter geht es über die blendend weißen Wege, die sich den einsamen Höhenzug entlangwinden. Weiß die Wege, blau der Himmel, grün die Vegetation, gesprenkelt vom Gelb des Ginsters. Die Sonne dörrt uns aus, aber Choco beweist, dass seine Vorfahren einem heißen Wüstenklima entstammen. Die Hitze aktiviert geradezu seine Lebensgeister, lässt seine Muskeln vibrieren und entfacht in ihm ungeahnte Energien. Eine unsichtbare Kraft treibt ihn vorwärts und ich habe Mühe, mit ihm Schritt zu halten.

Wir lassen die Kalkhochflächen hinter uns und beginnen den Abstieg in das Trockental von Lascabanes. Dort gedeihen auf bewässerten Feldern Tabak, Bohnen, Mais, Sojabohnen und Getreide.

Choco hat sie schon lange vor mir gewittert. Stampfend trabt sie zum Zaun, eine Schimmelstute, schwer wie ein Schlachtross, das einen Ritter samt eiserner Rüstung tragen könnte. Chocos Augen funkeln und ich versuche mir vorzustellen, welche Gefühle ihr Anblick bei ihm auslöst. Ich bin erstaunt, dass er plötzlich wieder auf Pferde reagiert, als habe er einen Hormonstoß erhalten. Sei es wegen der aktivierenden Sonne oder weil die königliche Stute gar zu prächtig ist, jedenfalls stimmt er einen Gesang an, als hätte seine Stimme nie versagt. Ich freue mich natürlich für ihn und gehe mit ihm zum Koppelzaun.

Die Nähe der imposanten Stute lässt ihn zögern. Vorsichtig hebt er den Kopf, streckt den Hals ganz lang und schiebt sein Maul zwischen die Holzbalken. Sie kommt ihm entgegen. Ihre Lippen berühren sich sanft und es sieht aus, als würden sie sich küssen.

Lascabanes ist mit Blumen geschmückt. Blumenkästen an den Fenstern genügten nicht, sie sind auch noch entlang der Gehsteige aufgereiht. Die schmale Straße, die den Ort durchquert, ist so sauber, als würde man sie täglich kehren. Eigentlich wollte ich wieder im Freien übernachten, doch als ich den »Gîte Rando Étape« sehe, ändere ich meine Meinung schnell.

Die kleine Gemeinde hat längst keinen eigenen Pfarrer mehr und das alte Pfarrhaus neben der Kirche stand schon lange leer, bis jemand auf die Idee kam, in dem Gebäude eine Pilgerherberge einzurichten. Die Herberge wirkt auf mich überaus romantisch. Ein blühender Rosenstrauch schmückt den Eingang und eine Außentreppe führt zu einem von Holzstelen gestützten, mit Weinlaub umrankten Balkon hinauf.

»Sie haben Glück«, sagt die Wirtin. »Gerade hat jemand abgesagt. Bei uns ist der Platz knapp, in unseren fünf Zimmern können wir höchstens siebzehn Personen unterbringen.«

Chocolat hat es auch gut getroffen. Er darf sich im verwilderten Kirchgarten tummeln. Dort kann er wählen zwischen Stauden, Disteln, Kräutern und vielen anderen Pflanzen. Und dann erst der Ascheplatz! Noch bevor er seinen Hunger stillt, wirft er sich in den feinen, schwarzgrauen Staub, wälzt sich lustvoll hin und her, rudert mit den Beinen in der Luft und stöhnt vor Wonne. Choco, wie alle Esel übrigens, denkt nicht daran, sich nach dem Staubbad zu schütteln. Wenn ich ihn später bürste, werde ich von einer dunklen Aschewolke eingehüllt sein.

Angela und Ruben sehe ich hier wieder. Sie waren einen Tag länger als geplant in Cahors geblieben. Cassie, die Amerikanerin, traf dort einen Pilger aus ihrem Heimatort. Was für ein Zufall! Zwei Amerikaner aus der gleichen Stadt, die sich zu Hause nie begegnet sind, lernen sich in einem französischen Straßencafé kennen! Sie fanden Gefallen aneinander und entschieden sich für einen gemeinsamen Abstecher nach Rocamadour, einem der berühmtesten Wallfahrtsorte Frankreichs.

Auch ich wäre gern zu diesem Marienheiligtum gewandert – Rocamadour befand sich auf meiner Wunschliste sehenswerter Orte. Aber ich wollte Chocolat den über 100 Kilometer langen Umweg ersparen.

In Rocamadour soll einst der heilige Amadour gelebt haben. Es heißt, er sei ein Diener der Jungfrau Maria gewesen und habe Jesus, als er noch ein Knabe war, auf seinen Knien reiten lassen. Auf himmlische Anweisung soll Amadour später von Jerusalem zu den Kalkhochflächen der Causses gewandert sein und in einer Höhle als Einsiedler gelebt haben, bis er starb und dort begraben wurde. Sein mumifizierter Leichnam, den man im Jahr 1166 fand, wird noch heute den Pilgern in einer Vitrine gezeigt. Seitdem geschehen erstaunliche Wunder, die aber nicht ihm, sondern allein der Fürsprache der heiligen Maria zugeschrieben werden.

Die Erde – eine Schöpfung Satans?

Von Lascabanes nach Montcuq, 9 km

Chocolat zwängt seinen wuscheligen Kopf durch das geöffnete Küchenfenster. Er lässt die Köchin, die das Frühstück für die Pilger bereitet, nicht aus den Augen. Gestern Abend hat sie ihn mit Äpfeln verwöhnt, was er sich natürlich gemerkt hat, und jetzt verlangt er ungeniert neue Leckerbissen.

An die letzte Nacht werde ich mich noch lange erinnern, denn meine Zimmernachbarn veranstalteten ein Schnarchkonzert der besonderen Art, dem nicht einmal mein Ohropax gewachsen war. Irgendwann muss ich dann doch eingeschlafen sein. Aber – damit muss man rechnen – schon früh um fünf, wenn es noch nachtdunkel ist, klingeln die Wecker um die Wette, beginnt das morgendliche Ritual einer jeden Pilgerherberge mit Geraschel, Geklapper und Gescheppper. Alle wollen möglichst vor Sonnenaufgang unterwegs sein, um die Kühle des frischen Morgens zu nutzen.

Regelmäßig bin ich die Letzte, denn Chocolat braucht zum Frühstücken ein bis zwei Stunden. Denn ist sein Magen leer, giert er unterwegs nach jedem Grashalm, neigt ständig den Kopf zum Boden und bleibt einfach stehen.

Dem allgemeinen Aufbruch haben sich Martine und Roland nicht angeschlossen und leisten mir Gesellschaft im Frühstücksraum. »Es ist unser letzter Tag, deshalb haben wir uns nur eine kurze Etappe bis Montcuq vorgenommen. Von dort fahren wir zurück – unser Urlaub ist leider vorbei«, erklären sie mir.

Bereits gestern Abend habe ich mich mit ihnen angefreundet. Roland ist Gartenarchitekt und Martine arbeitet in einem Heim für

Behinderte. Kaum konnte ich es glauben, als sie mir erzählte, sie habe drei Söhne und sei schon Großmutter. Martine sieht einfach toll aus, sie ist groß und schlank und schwarze Locken umrahmen ihr schmales Gesicht, in dem grüne Augen leuchten. Noch lange saß ich mit ihr im Mondlicht auf dem weinumrankten Balkon und sie erzählte mir, dass sie Roland erst seit einigen Monaten kennt.

»Hat sich denn während der Pilgerwanderung eure Beziehung verändert?«, fragte ich.

»O ja! Es war wie eine Prüfung, woran ich vorher gar nicht gedacht hatte. Wir wollten nur gemeinsam etwas erleben. Doch das Pilgern war dann viel härter und schwieriger, als ich es mir vorgestellt hatte. Wir wissen nun, welches unsere Schwächen und Stärken sind und können uns jetzt aufeinander verlassen, in jeder Situation.«

Es ist das erste Mal, dass ich am Morgen nicht allein mit Choco losziehe, sondern in Begleitung. Es hat sich einfach so ergeben, weil Martine gerade begonnen hat, mir von ihrer Arbeit mit Behinderten zu berichten, und ich mehr über ihr Leben erfahren will.

»Ich biete meinen behinderten Patienten die Möglichkeit, sich künstlerisch auszudrücken, ihre Gefühle, zum Beispiel in Bildern, wiederzugeben. Besonders gern übe ich mit ihnen Tänze ein und manchmal spielen wir sogar Theater«, erzählt sie mir voller Begeisterung.

»Wie lange arbeitest du schon im Heim?«

»Seit zwölf Jahren.«

»Ich glaube, du hast dir da keine leichte Aufgabe gewählt.«

»Du hast Recht, die Arbeit ist schön und zugleich schrecklich, bereichernd und oft auch frustrierend. Gegensätze, wie sie größer nicht sein können, mit täglich neuen Herausforderungen.«

Beim Bauernhof in der Nähe der Kapelle Saint-Jean wird der Weg beidseits von Koppeln begrenzt. Wiehernd traben Pferde zum Zaun und ich bitte Roland, ein paar Fotos von mir und Choco zu machen, wie wir durch das Spalier der Rösser ziehen. Heiß brennt die Sonne herab. Kein Schatten. Wie gestern führt der kalkweiße Weg über den Scheitel eines Bergzugs. Ein tolles Motiv, meint Roland und versucht, uns ins rechte Bild zu setzen. Fotografieren braucht Zeit und so ist es bereits Mittag, als wir Montcuq erreichen.

Der Ort liegt auf einem Hügel und wird überragt von einem mächtigen Turm, dem Rest einer mittelalterlichen Burg. Die ersten Häuser des Städtchens empfangen uns freundlich mit Blumengärten, in denen Malven, Ringelblumen und Rosen blühen. Eine schmale Straße führt zum Hauptplatz mit vielen Läden und zwei Straßencafés. Mit meinem Esel errege ich wie immer Aufsehen, hier aber werden wir besonders wohlwollend von den Einwohnern und Gästen begrüßt, die zahlreich unter den Sonnenschirmen der Cafés sitzen und ihre kühlen Getränke genießen. Sogar ein Bäcker kommt angelaufen und schenkt mir für Chocolat eine Tüte trockenes Brot.

»Lasst uns zum Abschied noch etwas zusammen trinken«, schlägt Roland vor. Im »Café de France« steht die Wirtin auf Grün: grüne Schirme, grüne Stühle, grüne Tische. Wir bestellen eisgekühlte Limetten-Limonade in extra großen Gläsern, natürlich in Grün.

Weil es von hier keinen Zug oder Bus gibt, wollen die beiden per Anhalter weiterkommen.

»Falls euch niemand mitnimmt, kommt ins ›Hôtel du Parc‹ von Montcuq«, sage ich. »Dort habe ich mich einquartiert und ausgebucht ist es auch nicht.«

»Pass auf, wenn du Montcuq sagst. Du darfst nicht, wie sonst üblich, den k-Laut am Ende weglassen, sonst klingt es wie, na ja, du weißt schon, wie der Körperteil, auf dem man sitzt. Die Einwohner von Montcuq wären sicherlich beleidigt, wenn du ihre Stadt mit einem Hintern in Verbindung brächtest.«

Mit den erfrischenden Getränken im Schatten haben wir uns von der Hitze des Tages erholt und die lockere, fröhliche Stimmung der Menschen ringsum überträgt sich auf uns. Wir tauschen Adressen aus und verabschieden uns mit herzlichen Umarmungen.

Das »Hôtel du Parc« habe ich gewählt, weil mir Daniel Adams, der Chef des Hauses, am Telefon gesagt hatte, mein Esel werde bei ihm ein Paradies finden. Und er hatte nicht zu viel versprochen. Das Hotel liegt zwar ziemlich weit außerhalb der Ortschaft, hat aber einen weitläufigen Park mit Teichanlagen.

»Kommst du mit zum Turm?«, fragt mich jemand, als ich gerade das Gepäck von Chocos Rücken abnehme. Ich muss mich gar nicht erst umdrehen, die Stimme erkenne ich sofort – es ist Justin.

»Das ist ja eine Überraschung! Ich dachte, du bist schon weit voraus!«, rufe ich erfreut aus.

»Im Gegenteil! Wenn ich mich nach einer Pilgerin mit Esel erkundigte, hieß es immer, die sei schon weg. Ich glaubte, ich hole dich nie mehr ein«, sagt Justin.

Durch die Gassen von Montcuq geht es steil hinauf zum *donjon*, dem Wehrturm aus dem Mittelalter. Justin hat sich den Schlüssel zum Turm im Touristenbüro besorgt. Mich befällt ein merkwürdiges Gefühl, als wir durch die schwere Türe ins Innere des Turms gelangen. Ich sehe mich um in dem saalartigen Raum, er ist leer und nur spärlich fällt Licht durch schmale Schießscharten. Hierher haben sich also die Bewohner geflüchtet und sich zitternd vor Angst hinter zwei Meter dicken Mauern vor ihren Feinden verkrochen.

»Im Erdgeschoss war früher die Waffenkammer. Lass uns hinaufsteigen – es soll vier Stockwerke geben«, schlägt Justin vor.

Über eine Wendeltreppe gelangen wir in die oberen Räume. Tauben flattern erschrocken hoch und Federn wirbeln durch die Luft.

Diese mit Kaminen ausgestatteten Turmzimmer sind ebenfalls leer, abgesehen vom Taubendreck.

»Ziemlich ungemütlich. Weißt du etwas über die Geschichte des Turms?«, frage ich.

»Ja, schon. Das Drama nahm seinen Anfang, als die Stadt einigen Katharern Zuflucht gewährte. Sie waren auf der Flucht vor Simon de Montforts, der im Auftrag von Kirche und Krone die Kreuz-zug-Heere zur Vernichtung der Katharer führte. Beim Sturm auf die Stadt blieb kein Haus verschont, nur der Turm entging der Ver-nichtung.«

»Kreuzzüge gegen Katharer? Davon habe ich noch nie gehört. Katharer? Bedeutet das nicht Ketzer?«

»*Katharoi* ist griechisch und heißt die ›Reinen‹. Sie wollten die besseren Menschen sein, die wahren Christen«, erklärt mir Justin.

»War das nicht eine Sekte? Jetzt erinnere ich mich, dass ich über sie gelesen habe. Ihre religiöse Bewegung soll das christliche Abendland wie ein Lauffeuer erfasst haben.«

»Ja, da hast du ganz Recht. Du würdest dich wundern, wie span-nend die Geschichte der Katharer ist. Jedenfalls umgibt sie noch im-mer eine faszinierende Aura des Geheimnisvollen, auch wenn das meiste, was man über sie weiß, von ihren Todfeinden, den Schergen der Inquisition, überliefert wurde. Die waren natürlich nicht an einer wahrhaften Darstellung interessiert.«

»Stimmt es, dass die Katharer den Teufel anbeteten? Sie sollen be-hauptet haben, Satan habe die Erde und die Menschen erschaffen.«

»So hat es die Inquisition dargestellt. Dem Teufel haben sie aber keineswegs gehuldigt. Im Gegenteil, sie fürchteten das Böse und wollten es durch strengste Askese überwinden. Es war eine Ar-mutsbewegung, die Pomp und Prunk der katholischen Kirche ablehnte. Sie wollten zurückkehren zur Einfachheit der Urchristen, wie es die Apostel vorgelebt hatten.«

»Dann war es eine alternative religiöse Bewegung, ähnlich wie später die Reformation?«

»So nun auch wieder nicht. Nur in diesem einen Punkt, der sich auf das Ideal anspruchsloser, apostolischer Lebensführung bezog, gab es Übereinstimmung. Ihr dualistisches Glaubenskonzept war ziemlich kompliziert. Sie waren davon überzeugt, dass zwei gegensätzliche Mächte, ein guter und ein böser Gott, im ewigen Widerstreit miteinander lägen. Einmal siegt dieser, dann wieder jener. Gegenwärtig, so glaubten sie, sei der böse Gott am Zuge und habe alles geschaffen, was auf Erden existiert.«

»Philosophisch gesehen stimmt es«, werfe ich ein, »man braucht Gott nur durch ein anderes Wort zu ersetzen, zum Beispiel durch den Begriff Prinzip. Immer und überall wirken zwei Prinzipien, ob man sie nun gut und böse nennt oder negativ und positiv, Geist und Materie, männlich und weiblich, Tag und Nacht, Yin und Yang. Es sind immer Gegensätze, die sich in Paaren zusammenfügen, eines nicht denkbar ohne das andere.«

»Interessant, was du da sagst, denn die Wurzeln der Katharer-Bewegung liegen im Osten, mit einer langen Vorgeschichte, die bis in den Iran zu Zarathustra und noch weiter bis Indien reicht und mindestens tausend Jahre älter ist als das Christentum. Neue Nahrung bekam der Dualismus im 10. Jahrhundert durch die Bogomilen in Bulgarien. Bogomil war ein besonders fanatischer Priester. Mit bestechender Eindringlichkeit predigte er, alles Materielle auf der Welt sei böse, geschaffen von Satan, dem Gegengott. Er war überzeugt, die einzige Rettung aus dem Unheil liege in Weltflucht, Entsagung und Abkehr von allem Irdischen. Seine Anhänger führten ein hartes Büßerdasein, beteten ständig, wanderten im Land umher und lebten von Almosen.«

»Eines verstehe ich nicht«, unterbreche ich ihn. »Wenn die Anhänger Bogomils derart weltabgewandt und verarmt im fernen

Bulgarien lebten, wie konnten dann so viele Menschen in Westeuropa in den Bann dieser Sekte geraten?«

»Zuerst gärte die Lehre der Bogomilen unter den Armen, ergriff
dann die Handwerker, das Bürgertum, Angehörige des Adels, zuletzt sogar den Hochadel in Bulgarien. Schließlich kamen bogomi-
lische Wanderprediger auch nach Westeuropa. Diese Sendboten
müssen von feuriger Beredsamkeit gewesen sein und verkörperten
auch, was sie predigten. Bleich und mager vom unerbittlichen Fasten, mit besorgten Gesichtern wegen der Schlechtigkeit der Welt
und doch von der stillen Freude des rechten Glaubens erleuchtet,
liefen ihnen die Menschen in Scharen zu. Die Saat fiel auf fruchtbaren Boden, wie man sagt.«

»Wie soll ich mir das vorstellen? Im Mittelalter war das Leben,
verglichen mit unserem heutigen, doch schon schwierig genug.
Und da kamen diese aberwitzigen Wanderprediger daher und for-
derten strenge Askese – und die Menschen verzichteten sogleich auf
ihr bisschen Wohlstand? Ergaben sich freiwillig in ein freudloses
Dasein? Warum nur?«

»Enthusiastische Frömmigkeit und asketische Weltflucht waren
typisch für das Mittelalter und entsprangen wahrscheinlich einer
tiefen Lebensangst. Die Existenz war ja ständig gefährdet. Jeder
lebte in Unsicherheit, ausgeliefert den Gegebenheiten, die er weder
durchschauen noch beeinflussen konnte. Da gab es Seuchen, Hun-
gersnöte, Unwetter, Kriege, Willkür der Herrscher und nicht zuletzt
die Kirche mit ihrer Predigt von der Erbsünde. Die katharische Lehre
erklärte, woher dieses Elend rührte. Weil die Welt dem Satan gehörte,
deshalb war sie so schlecht. Zugleich zeigte sie den Ausweg – man
müsse sich nur abwenden von der Welt, dem Leben entsagen und
auf das Jenseits hoffen.«

»Gar nicht so verschieden von den Katholiken, die doch auch an
ein besseres Dasein im Paradies glauben. Warum nur hat die Kirche

die armen Katharer so unglaublich grausam verfolgt? Sie zu Tausenden als Ketzer auf den Scheiterhaufen verbrannt?«

»Für die katholische Kirche war es eine Existenzfrage. Sie war in ihren Grundfesten bedroht. Mehr noch, am gesamten Gefüge der mittelalterlichen Welt wurde gerüttelt, denn die Katharer negierten die Standesunterschiede und erklärten alle kirchlichen Einrichtungen und Rituale für unrein: Taufe, Beichte, Eucharistie und fromme Werke. Wahrer Glaube müsse innerlich sein, war ihre Überzeugung. Da die Menschen in Massen und mit unvorstellbarer Begeisterung den Ideen der Katharer verfielen, verlor die kaholische Kirche mehr und mehr ihre Macht und ihren Einfluss. Deshalb verfolgte sie die Katharer unerbittlich und verbrannte sie als Ketzer auf den Scheiterhaufen. Sie wollte jede Spur, jede Erinnerung an sie auslöschen, was ihnen fast gelungen wäre. Kaum jemand weiß heute noch, wie umfassend ihre Bewegung war.«

»Wann hat sich denn das alles abgespielt?«

»In Europa formierte sich die Bewegung so um 1140, da traten sie erstmals in Köln unter der Bezeichnung *Katharoi* an die Öffentlichkeit. Die Eroberung ihrer berühmten Bergfeste Montségur in Südfrankreich läutete ihr Ende ein. Das war ziemlich genau 100 Jahre nach ihrem Auftritt in Köln. Aber die Inquisition hörte nicht auf, nach heimlichen Ketzern zu fahnden, und die Scheiterhaufen loderten noch Jahrhunderte weiter.«

»Und hier in diesem Turm hielten sich auch Katharer versteckt?«

»Schon möglich. Ich weiß aber nur, dass die Bürger von Montcuq ihnen Unterschlupf gewährten. Deshalb wurden ja ihre Burg und der ganze Ort zerstört.«

Im Schatten der Platanen

Von Montcuq nach Lauzerte, 14 km

Ihre Rinde schimmert silbern und wenn ich mit meiner Hand darüber streiche, erinnert mich ihre Glätte an Marmorsäulen. 300 Jahre seien die Platanen alt, versichert mir Monsieur Adams. Mit ihren mächtigen Stämmen begrenzen sie eine Terrasse, wie ich sie mir romantischer nicht vorstellen kann. Der Besitzer vom »Hôtel du Parc« muss mich nicht lange dazu überreden, mir das Abendmenü im Freien unter Platanen servieren zu lassen, und ich nehme gerne die Gelegenheit wahr, Justin einzuladen und mich für seine Kochkünste zu revanchieren.

Wir schauen zu den ausladenden Baumkronen in die Höhe und bewundern die miteinander verwobenen Blätter und Äste, die sich über uns zu einem grünen Gewölbe zusammenschließen.

Noch immer geht mir unser Gespräch über die Katharer nicht aus dem Sinn. Justin hat mir auf dem Rückweg zum Hotel noch mehr erzählt über die rigiden Gebote und Gebräuche, die mit der Vorstellung zu tun hatten, die Erde sei eine Schöpfung Satans. Deshalb galt auch die Ehe als Sünde, denn durch Fortpflanzung würden dem Satan nur neue Untertanen geboren. Lebenslanges Zölibat und hartes Fasten, das waren die unabdingbaren Forderungen, um dem Reigen der Wiedergeburten auf Satans Erde zu entgehen. Wenn ein Sterbenskranker wider Erwarten überlebte, hat man ihm die Nahrung verweigert, damit seine Seele nicht von neuem verunreinigt würde.

»Seltsam, dass gerade Frauen in Scharen zu den Katharern überliefen und zu ihren treuesten Anhängern gehörten. Wie erklärst du dir das?«, frage ich Justin.

Er zuckt die Schultern. »Wahrscheinlich mal wieder eines dieser weiblichen Phänomene. Du als Frau müsstest das doch eher verstehen als ich. Für mich werden Frauen immer ein Rätsel bleiben.«

»Unsinn!«, entgegne ich heftig. »Ich kann es nicht ausstehen, wenn mit mystifizierter Weiblichkeit argumentiert wird!«

»Na, beruhige dich wieder! Warum regst du dich denn so auf?«

»Weil es das nicht gibt – weibliches Phänomen!«

»Dann erkläre mir doch, warum unter Katholiken Frauen als unrein gelten, als Trägerin der Erbsünde verteufelt werden und trotzdem zu den eifrigsten Beterinnen gehören?«, fragt Justin und wartet gespannt auf meine Antwort.

»Stimmt, eine auffallende Parallele! Trotzdem ist das kein Beweis, dass Frauen sich grundsätzlich anders verhalten, nur weil sie Frauen sind. Meiner Meinung nach hat das mit Unterdrückung, mit Schwäche und daraus resultierendem Selbsthass zu tun. Nimm Menschen beliebiger Herkunft, die von anderen gedemütigt, beschimpft, missachtet werden, dann dauert es nicht lange und viele werden die Argumente ihrer Peiniger übernehmen und sie sich zu Eigen machen. Das scheint ein psychologischer Mechanismus des Überlebens in einer ausweglosen Situation zu sein. Wenn man sich selbst verachtet, wird man dem Unterdrücker, dem Mächtigen ähnlich. Eine absurde, aber oft die einzige Chance, sich zu erhöhen und zu befreien. Von der passiven, duldenden Rolle schlüpft man so in eine aktive, handelnde und ist dann Opfer und Täter in einer Person.«

»Interessant, deine Theorie. Nun verstehe ich auch, warum es für dich wichtig ist, Gefahren zu bestehen und Abenteuer zu erleben, und warum du mutiger als jeder Mann sein willst.«

»Ach, nein! Wieder so ein Quatsch! Da gibt es doch überhaupt keinen Zusammenhang!«

»Wirklich nicht? Na gut, lassen wir das – unser Essen wird nämlich kalt und es riecht doch so gut.«

Mittelalterliche Brücke bei Conques über den Dourdou

Abteikirche Sainte-Foy in Conques – Rast vor dem Portal

Abteikirche Sainte-Foy in Conques – Detail des Tympanon

Kirche Saint-Hilarian de Perse – Kreuzgratgewölbe

Landmarke mit Muschel im Wald von Conques

Kapelle Saint-Jacques in Rochegude – hoch über dem Allier-Tal

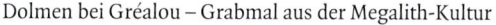

La Place des Écritures in Figeac – Basaltplatte mit Hieroglyphen

Dolmen bei Gréalou – Grabmal aus der Megalith-Kultur

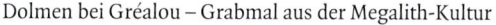

Wer kann Choco schon widerstehen?

Romantische Pilgerherberge im Pfarrhaus von Lascabanes

Rückkehr nach langer Pilgerreise

Die alten Freunde sind noch da

Auf der Sommerweide – wieder daheim

Wir haben das Menü des Abends bestellt: Spinatsuppe mit Sahne, Lachstörtchen mit hauchdünnen Gurkenscheiben und als Hauptgang Forelle, frisch aus dem Parkteich, in Butter gebraten und mit Nüssen bestreut, und zum Dessert eine köstliche *mousse au chocolat*. Zum ersten Mal auf dem Pilgerweg leiste ich mir ein Essen im Restaurant und bin sehr angetan von der französischen Küche, die Monsieur Adams, der *maître de maison*, vorzüglich beherrscht.

Der Mond schimmert durch das Laubdach der Platanen, Fledermäuse flattern um die Lampen und fangen Insekten im Flug. Als ich spät in der Nacht noch einmal nach Chocolat schaue, glühen seine Augen im Licht meiner Taschenlampe.

Der nächste Morgen beginnt mit einem ausgiebigen Frühstück auf der Terrasse unter den Platanen. Am Nebentisch sitzt ein Mann, der mir sogleich wegen seiner Pilgermuschel am Hut auffällt.

»Haben Sie heute noch einen weiten Weg vor sich?«, frage ich.

»So genau weiß ich das noch nicht«, antwortet er. »Vielleicht gehe ich bis Lauzerte.«

Einmal im Gespräch, erfahre ich, dass er Antoon heißt, Holländer ist und den ganzen Weg von zu Hause bis Santiago de Compostela zu Fuß gehen will.

»Wie kamen Sie auf die Idee?«, fragt Justin, der an unserer Unterhaltung teilnimmt.

»Drei Jahre habe ich diesen Plan in mir getragen und seiner Verwirklichung entgegengefiebert. An einem Freitag war der letzte Tag meines Berufslebens und – was denken Sie? – noch am Samstag zog ich die Wanderschuhe an und schulterte meinen Rucksack. Keinen Tag länger wollte ich warten.«

Während Justin und Antoon weiter beim Frühstück sitzen und sich unterhalten, sattle und belade ich Chocolat, dann verlassen wir zu viert das Hotel. Auf einem baumbeschatteten Weg geht es eine

Anhöhe hinauf, dann auf schmalen Pfaden durch einen Wald, später durch Getreideäcker und an Feldern mit Sonnenblumen vorbei, deren Blüten noch nicht geöffnet sind.

Am Himmel entdecke ich einen Greifvogel, der größer ist als ein Bussard, vielleicht ein Schlangenadler? Im Fang hält er nämlich eine Schlange, die sich lebhaft windet und schätzungsweise einen Meter lang ist.

Hinter Bäumen liegt ein Dorf verborgen und am Weg ist ein Verkaufsstand aufgebaut. Walnüsse, Honig, Trauben und Wein werden angeboten. Die Preise stehen auf einer handgeschriebenen Liste mit der Aufforderung, das Geld einfach in eine Schachtel zu legen. Eine sympathische Geste des Vertrauens.

»Die meisten Pilger sind in Gruppen unterwegs oder wenigstens zu zweit. Warum haben Sie sich dafür entschieden, allein zu pilgern?«, frage ich Antoon.

»Allein bin ich nie«, antwortet er, »denn meine Frau wandert mit mir. Sie ist vor zwei Jahren gestorben. Wir hatten geplant, den Jakobsweg gemeinsam zu gehen, und ich habe das Gefühl, sie ist bei mir, immer.«

»Sie glauben an ein Weiterleben nach dem Tod?«

»Das ist keine Frage, die ich mir stelle. Niemand kann sie beantworten, also ist es müßig, darüber zu spekulieren. Zwar kann ich mir wünschen, meine Frau irgendwann wiederzusehen, aber es hängt nicht davon ab, ob ich daran glaube. Es hat also gar keinen Zweck, sich Fragen zu stellen, die einem niemand beantworten kann.«

»Antoon – vorhin im Hotel haben Sie mir erzählt, Sie seien früher einmal Mönch gewesen«, mischt Justin sich ein. »Wie passt das zu dieser skeptischen Einstellung?«

»Bestens! Ich bin nach wie vor ein gläubiger Mensch. Was aber hat mein Glaube mit der Existenz Gottes zu tun? Er existiert, auch

Falsche Wege gibt es nicht

Von Lauzerte nach Durfort-Lacapelette, 11 km

Choco habe ich auf einer Wiese beim Campingplatz angepflockt, dann steige ich den Hügel hinauf, um mich in Lauzerte mit Justin und Antoon zu treffen. Fachwerkhäuser und weiträumige Arkaden umgeben den Marktplatz. Am Rande des Platzes entdecke ich eine merkwürdige Erscheinung. Einem Triangel gleich wölbt sich das Pflaster nach oben, als hätte ein Riese einen Zipfel des schweren Belages angehoben, um ein darunter verborgenes Geheimnis zu lüften. Diese pfiffige Idee zur originellen Gestaltung des Marktplatzes stammt von einem Künstler der Gegend. Schade nur, dass er die Allegorie, die seinem Kunstwerk innewohnt, nicht zu Ende geführt hat. Interessant wäre es gewesen aufzudecken, was sich unter der Oberfläche des Pflasters verbirgt. Stattdessen hat er den freigelegten Untergrund mit glasierten Kacheln erneut versiegelt.

Meine beiden Pilgerfreunde erwarten mich schon beim Rotwein unter den Arkaden. Als ich eintreffe, erzählt Antoon gerade, dass in seinem Heimatort zahlreiche Menschen an seiner Pilgerreise Anteil nehmen. Unbekannte Leute schicken ihm postlagernd Briefe zu den einzelnen Stationen am Weg, um ihm Mut zu machen und ihn zu beglückwünschen. Sogar vom Bürgermeister hat er Post erhalten.

»Die Menschen geben mir das Gefühl, stellvertretend für sie zu pilgern. Mag sein, dass viele den gleichen Traum haben, ihn aber selbst nicht verwirklichen können. Nun schreiben sie mir, wie dankbar sie sind, dass ich es wage.«

»So ähnlich ist es mir in Spanien ergangen«, sage ich. »Dort haben mich Dorfbewohner voller Dankbarkeit umarmt, weil ich auf dem Weg nach Santiago de Compostela war. Alte Frauen gaben mir Münzen, damit ich sie in den Opferstock der Kathedrale werfe.«

»Es gibt auf dem Pilgerweg keinen falschen Weg, selbst wenn es zunächst so scheinen mag«, behauptet Antoon und erzählt ein Erlebnis: »Einmal habe ich mich geirrt, ganz schlimm vertan, denn ich bin den rotweißen Zeichen in umgekehrter Richtung gefolgt. Ehe ich es bemerkte, war ich fast wieder dort, wo ich am Morgen losgegangen bin. Ihr könnt euch gewiss vorstellen, was ich da empfunden habe. Ich war total erschöpft und hatte keinen Kilometer hinzugewonnen, war umsonst den ganzen Tag marschiert. Und doch – gerade durch dieses Missgeschick lernte ich einen Menschen kennen, dem ich sonst kaum begegnet wäre, der aber seitdem für mich ungeheuer wichtig ist und mit dem ich künftig in Kontakt bleiben werde. So erwies sich der falsche Weg letztlich als der richtige.«

»Nur – meist ahnen wir nicht, welcher Weg uns wohin führt«, ergänzt Justin.

»Niemand hätte Lust, etwas zu tun, wenn er alles im Voraus schon wüsste«, sage ich.

»Ich wollte euch damit deutlich machen, dass jeder Weg, auch wenn er zunächst als Irrweg erscheint, wichtig für uns sein kann. Wir müssen nur offen genug sein und annehmen, was für uns bestimmt ist.«

Justin wechselt das Thema. Er kramt wieder einmal einen Zeitungsausschnitt aus einer seiner Taschen. »Wisst ihr schon, dass über dem Atlantik vier Zyklone ihr Unwesen treiben? Das ist der Beginn einer Reihe von Tiefdruckgebieten, die bald das Festland erreichen. Dann ist hier Land unter.«

»Oje, deine Sandalen kannst du dann gleich einpacken. Dann kommen deine Gummistiefeln wieder zum Einsatz«, sage ich.

»Genau! Aber was werdet ihr tun, wenn eure Wanderschuhe nicht mehr trocknen?«

Am nächsten Tag strahlt die Sonne vom Himmel. Mais und Sonnenblumen wuchern kräftig ins Kraut und an den Rebstöcken rankt üppiges Weinlaub. Justins Regenvorhersage scheint sich vorerst nicht zu erfüllen. Als ich Lauzerte verlasse, begegne ich ihm noch einmal, wir gehen ein Stück des Weges gemeinsam und verabschieden uns dann, wie wir es schon mehrmals getan haben, mit dem Wunsch, uns wieder zu treffen. Wochen später, als ich längst schon zu Hause war, bekam ich Post, eine Karte aus Santiago und einen langen Brief aus Paris. Justin hatte es also geschafft, sein Ziel erreicht und – ich musste lachen – auf Sandalen, wie er mir stolz versicherte.

Charakteristisch für die Landschaft des Quercy sind seine Taubenhäuser. Früher hatte jeder Bauernhof seine eigene Taubenzucht. Nur gelegentlich landeten die Vögel im Kochtopf – wichtiger war der Mist, den sie produzierten. Der war für die Bauern unverzichtbar, um dem mageren Karstboden den fehlenden Stickstoff zu liefern und die Erde fruchtbar zu machen. Die Besitzer der Taubenställe legten großen Wert auf Originalität und schufen für ihre Vögel mit viel Fantasie formschöne Gebäude aus Kalkstein, Ziegeln und Fachwerk, mit Kegeldächern und Türmen, rund oder achteckig.

Das Taubenhaus bei Le Chartron ruht auf vier Säulen, die oben mit einer Steinscheibe abschließen, damit sich weder Marder noch Ratten einschleichen können. Es erinnert mich an die Speicherhäuser, die *horreos*, die ich in der spanischen Provinz Galicien gesehen habe.

Ein Mähdrescher walzt dröhnend über ein reifes Getreidefeld. Mit gebührendem Abstand und etwas eingeschüchtert gehen Choco und ich am Feldrand entlang. In wenigen Stunden verrichtet eine Maschine die Arbeit, für die Menschen früher tagelang schuften mussten. Heute sitzt ein einzelner Fahrer in der klimatisierten

Kabine, abgeschlossen von der Außenwelt. Schließlich steht kein Halm mehr. Über ein Rohr ergießt sich aus dem Inneren des Mähdreschers eine Flut goldgelber Körner in einen Anhänger. Ratternd und rüttelnd fährt das Ungetüm davon, den nächsten Schlag zu mähen.

Auf einer Anhöhe, umgeben von Weinfeldern, Wiesen und Laubwäldern, liegt der Gasthof »La nouvelle aube« – Die neue Morgenröte –, unser heutiges Etappenziel. An der Pforte begrüßt mich die Wirtin und überreicht mir ein blitzblankes Glas mit kühlem Wasser. Eine symbolträchtige Geste für mich als Pilgerin, die sie ganz selbstverständlich zelebriert. »Ça va? Ein heißer Tag heute, nicht wahr? Bitte erfrischen Sie sich«, sagt sie herzlich und lächelt mich an. Ihr rosiges Gesicht wird von grauen Haaren umrahmt, die sie im Nacken zu einem praktischen Zopf geflochten hat.

»La nouvelle aube« ist ein Gasthof der besonderen Art. Einst das Landhaus eines Adligen, haben die Wirtsleute nur wenig an dem historischen Gebäude verändert. Madame de Smet-Brunneel und ihr Mann sind Flamen. Vor Jahrzehnten verließen sie ihre nördliche Heimat und suchten im Süden Frankreichs ein neues Domizil. Mit den Gästen sprechen sie Französisch, aber untereinander noch immer Flämisch.

Das Haus hat drei Stockwerke. Ich wähle ein Zimmer ganz oben, das von schweren Eichenbalken gestützt wird. Durchs Fenster blicke ich hinaus zum Garten, wo Choco seinen neuen Rastplatz erkundet.

Madame de Smet-Brunneel ist berühmt für ihre Kochkunst und viele Gäste kommen von weit her, um sich von ihr verwöhnen zu lassen. Ihre Spezialität ist es, flämische und französische Rezepte mit Raffinement zu verbinden.

Nach dem Essen komme ich mit meinem Tischnachbarn ins Gespräch. Erny stammt aus Luxemburg und hat auch, wie Antoon, vor seiner Haustür die Pilgerreise begonnen.

»Für mich ist es wichtig, ein Gleichgewicht zu finden zwischen den verschiedenen Einflüssen und Wirkungen, die der Weg auf mich hat. Wenn der Rhythmus meiner Schritte zum Echo meines Atems wird, dann schwingt mein Körper in völligem Gleichklang mit der Umwelt«, berichtet er mir.

»Das erlebe ich auch so ähnlich«, bestätige ich.

»Bei mir steckt aber noch etwas anderes dahinter«, sagt er nachdenklich, »denn ich musste mich erst wie Münchhausen am eigenen Schopf aus dem Sumpf ziehen.«

»Wie meinen Sie das?«

»Das ist eine lange Geschichte. Schon früh, als Jugendlicher, hatte ich ein Alkoholproblem, habe regelmäßig getrunken, jeden Tag.«

»Und Sie haben damit aufgehört?«

»Da, schauen Sie!« Zum Beweis hält er sein Glas mit Wasser in die Höhe. »Sie werden es kaum glauben, mit dem Verzicht auf Alkohol und einem intensiven Training wurde ich sogar Sieger im 100-Kilometer-Lauf und das in meinem fortgeschrittenen Alter.«

»Wie haben Sie es nur geschafft, vom Alkohol loszukommen?«, frage ich ihn.

»Es war die Angst vor dem Abgrund, an dem ich plötzlich stand. Die ganzen Jahre war ich auf ihn zugetrieben. Dann war es so weit. Ich wusste, jetzt würde ich abstürzen, wenn ich mich nicht selbst rette. Auf einmal war alles am Zerbrechen, meine Ehe, mein Beruf, meine Gesundheit. Jetzt bin ich auf der sicheren Seite. Gerade noch rechtzeitig! Meine Frau ist nach einunddreißig Jahren noch immer bei mir, das ist doch was! Meine Arbeit macht mir nach wie vor Spaß und ich fühle mich so gesund wie nie zuvor.«

Die wunderbare Leichtigkeit der Steine

Moissac

Chlodwig, König der Franken, stand auf einer Anhöhe. Stolz blickte er über das Land, das er nach schweren Kämpfen den Westgoten abgerungen hatte. Nun war es sein Eigen und zum Dank für den ruhmvollen Sieg wollte er ein Kloster gründen. Er musste nur noch den Platz bestimmen. Mit kräftigem Arm schleuderte er sein Schwert in den Himmel. Rasend schnell drehte es sich in der Luft, flog weit dahin, bis es am Ufer des Tarn in die Erde stieß. Dort, in den sumpfigen Niederungen, kurz vor der Mündung des Tarn in die Garonne, wurden das Kloster und die Stadt Moissac gebaut.

Das ist zwar nur eine Legende, die ungefähr im Jahr 500 spielt, aber immerhin ist auf der Weiheplatte der Klosterkirche der Name von Chlodwig I., Gründer des fränkischen Reiches, eingraviert.

Als würde ein Fluch auf Kloster und Stadt lasten, wurden sie über die Jahrhunderte von Katastrophen heimgesucht. Erst verwüsteten Araber die Bauwerke, gefolgt von den Normannen, die mit Schiffen die Garonne heraufkamen, plünderten und mordeten. Dann waren es ungarische Reiterheere, die auf ihren Eroberungszügen bis hierher galoppierten. Später wurde Moissac in den Strudel der Kreuzzüge gegen die Katharer hineingezogen, dann in den Hundertjährigen Krieg mit den Engländern und im späten Mittelalter in die Glaubenskriege gegen die Hugenotten. Die Französische Revolution setzte den Schlusspunkt unter die unglückliche Geschichte. Das Kloster ging in Staatseigentum über, wertvolle Skulpturen wurden verstümmelt, die Bibliothek verbrannt und die Kirchenschätze eingeschmolzen. Schließlich war vom einst mächtigen

Konvent kein Stein mehr auf dem anderen. Nur die Abteikirche Saint-Pierre blieb als Einzige erhalten. Deren Schicksal schien aber endgültig besiegelt, als sie dem technischen Fortschritt des 19. Jahrhunderts weichen sollte. Um die Eisenbahnlinie Bordeaux–Sète zu bauen, wollte man sie kurzerhand abreißen. Ein Glück, dass zu dieser Zeit der Denkmalschutz in Frankreich schon aktiv war. Die Eisenbahngesellschaft wurde gezwungen, ihre Schienen an der Kirche vorbei zu verlegen. Allerdings keinen Meter mehr als nötig wollten die Gleisbauer von der geraden Linie abweichen, darum donnern die Schnellzüge unmittelbar hinter den Mauern des Kreuzganges vorbei.

Ich finde es schon erstaunlich, dass nach all diesen furchtbaren Vernichtungsschlägen überhaupt noch Sehenswertes erhalten geblieben ist. Besonders zwei Werke begründen den Ruhm der Abteikirche Saint-Pierre: der Kreuzgang und das Portal. Sie entstanden während des »Goldenen Zeitalters« im 11. und 12. Jahrhundert, als die Äbte von Moissac zu den einflussreichsten in ganz Mitteleuropa gehörten. Kaum jemand kann sich der Wirkung dieser einzigartigen baulichen Kostbarkeiten entziehen. Sie gehören zum Schönsten, was romanische Bildhauerkunst aus Stein geschaffen hat. Für viele ist deshalb die Abteikirche Saint-Pierre in Moissac eine der wichtigsten Stationen des Pilgerwegs, wenn nicht gar der Höhepunkt.

Im Geviert des Kreuzgangs reckt sich eine uralte Zeder in die Höhe, deren Schatten mit der Sonne wandert. Mit ihrem harzigen Duft und dem Rascheln ihrer Nadeln im Wind bildet der Baum einen lebendigen Pol inmitten der zu Stein gewordenen Geschichten, von denen die 76 Kapitelle erzählen.

Andächtig durchschreite ich die Galerien, lasse den Rhythmus der Säulen und Bögen, die Aus- und Durchblicke, Licht und Schatten auf mich wirken. Tage könnte ich hier verbringen und hätte doch nicht alles gesehen: die Vielfalt und Harmonie, der Reichtum an Reliefs und Plastiken, Szenen des Alten und Neuen Testaments, die Kapitelle mit Ornamenten, Pflanzen und Tieren.

Pater Pierre Sirgant muss mich schon eine Weile beobachtet haben. Mit aufgeschlagenem Buch in der Hand kommt er mir im Kreuzgang entgegen, über seine Lesebrille mustert er mich prüfend, bevor er mich mit sanfter Stimme anspricht: »Leider müssen Sie den Kreuzgang jetzt verlassen, die Besuchszeit ist vorüber.« Ich nutze die Gelegenheit und frage ihn, warum einige Kapitelle so schwer beschädigt sind.

»Eine Tragödie, die sich während der Französischen Revolution abspielte, als Truppen in die Kirche eingedrungen waren«, klärt er mich auf.

Wie übermächtig muss der Hass gewesen sein, dass Menschen blindwütig auf die Kunstwerke einschlugen und die Köpfe der Figuren zerschmetterten, denke ich. Aber religiöse Exzesse dieser Art gehören keineswegs der Vergangenheit an, wie Ereignisse der jüngsten Geschichte auf unserem Globus zeigen.

Während mich Pater Sirgant zum Ausgang des Kreuzganges begleitet, sagt er, ich solle nicht vergessen, auch das Portal der Abteikirche genau zu betrachten, denn es sei einzigartig.

Pater Pierre Sirgant hat nicht zu viel versprochen. Vor dem romanischen Portal der Kirche Saint-Pierre halte ich vor Bewunderung den Atem an. Nicht das sonst übliche Weltgericht, wie zum Beispiel in Conques, mit dem Aufstieg der Gerechten in den Himmel und der grausamen Bestrafung der Sünder in der Hölle ist dargestellt, sondern die Herrlichkeit Christi am Ende aller Zeiten. Dabei hat sich der Bildhauer genau an den Wortlaut der Offenbarung des Johannes gehalten. Pater Pierre Sirgant hatte zu mir gesagt: Das Portal sei wie eine Pforte, die zur Erde hin geöffnet sei und geradewegs in den Himmel hineinführe.

Auf einem Thron ruht Christus, gehüllt in ein langes Gewand, das geschmeidige Falten wirft. Rings um den Thron sitzen 24 Älteste, die in der einen Hand die Leier, in der anderen einen Becher halten. Alle blicken auf zu Christus, ihre Haltung ist locker und gelöst. Die Beine übereinander geschlagen oder bequem ausgestreckt, scheinen sie es zu genießen, unter sich zu sein.

Christus ist ganz in sich gekehrt. Seine Augen sind blicklos in unerreichbare Ferne gerichtet. Er sieht nichts und niemanden, als sei die Gegenwart ausgelöscht und die Herrschaft der unendlichen Ewigkeit angebrochen. Ein Rätsel, wie der Künstler es vermochte, dem Stein diesen Ausdruck zu verleihen.

Die Seitenwände des tief liegenden Portals sind mit Bildwerken vom Leben Jesu gefüllt. Als Frauenfiguren stehen sich Laster und Tugend gegenüber, Geiz und Habsucht.

Am Mittelpfosten, der das Bogenfeld stützt, sind drei Löwen ineinander verschlungen. Links und rechts dieser Bestiensäule erblickt man beim Eintreten Paulus und den Propheten Jeremias. Noch nie zuvor hat mich eine Figur so berührt wie die des Jeremias. Die Haare fallen ihm über die Schultern, sein Bart, leicht gewellt, reicht ihm bis zur Brust und jedes einzelne Haar ist fein gesträhnt. Die Linien seines Gewandes streben nach oben, verleihen dem Körper eine unwirkliche Leichtigkeit und wie bei den Gemälden El Grecos sind seine Glieder überlang gestreckt. Völlig in sich ruhend, ist Jeremias dennoch durchdrungen von religiöser Inbrunst und visionärer Ekstase. Sinnend neigt er den Kopf und blickt traumverloren ins Nirgendwo. Entsagungsvoll ergibt er sich seinem Schicksal und wirkt trotz seiner entrückten Haltung menschlich und gegenwärtig. Fast meine ich, ihn irgendwo und irgendwann schon einmal gesehen zu haben. Doch es ist wohl die Melancholie, die ihn mir so vertraut erscheinen lässt.

Die Gascogne

Von Moissac nach Aire-sur-l'Adour, 9 Etappen, 170 km

Die von Justin prophezeiten Tiefdruckgebiete rauschen Welle um Welle heran und Regen lässt die Pilgerpfade im Wasser versinken. Neun Tage wandere ich mit meinem Esel unter grauem Himmel dahin. Immer neue Staffeln triefender Wolken ziehen über uns hinweg.

In diesen Tagen erfahre ich, wie vielgestaltig Regen sein kann. Sprühregen, der mich mit feinen Strahlen einhüllt wie prickelnder Champagner, oder Landregen, der wie aus einer Riesendusche auf mich niederströmt. Verwundert registriere ich auch, wie verschieden Regen klingen kann, versuche, diesen Klangreichtum in mir aufzunehmen: Tropfen, wie das Ticken eines Chronometers. Rieseln, wie das Ausschütten von Getreidekörnern. Plätschern, Platschen, Pladdern verstärkt sich im Trommelrhythmus wechselnder Intensität, schließlich das Verschmelzen der Klangbilder zum Rauschen eines Wasserfalls.

Dem Wetter preisgegeben, nur vom Regenumhang vor der Nässe geschützt, erlebe ich den Regen wie ein sich ständig wandelndes Wesen. Brechen dann die Wolken auf, und sei es nur für kurze Zeit, lässt das Licht der Sonne alle Widrigkeiten schnell vergessen und zeigt mir für Augenblicke die Schönheit des Landes. Bei Moissac enden die schroffen Kalkhochflächen des Quercy: Sie gehen über in flache Hügel und senken sich hinab in das breite, fruchtbare Tal der Garonne. Auf ertragreichen Böden gedeihen Weizen und Wein, Sonnenblumen, Melonen und Knoblauch.

Sobald sie auf Brücken oder durch Furten die Garonne überwunden hatten, betraten die Pilger des Mittelalters ein völlig anderes

Land, deren Bewohner sich mit einer für sie fremd klingenden Sprache verständigten, nämlich dem Okzitanischen. Die Vorfahren der Gascognern entstammen einer bunten Mischung unterschiedlicher Volksstämme: iberisch, keltisch, baskisch, römisch, westgotisch, fränkisch sind dabei nur die wichtigsten.

Nach dem Niedergang des Fürstentums Gascogne im Jahre 1032 folgten eine Vielzahl lokaler Herrscher. Entlang des Jakobswegs entstanden Kirchen und Klöster sowie planmäßig angelegte Städte mit wehrhaften Mauern – die schon erwähnten *bastides*.

Wegen ihrer historischen Orte, der sanften Hügel und fruchtbaren Ebenen wird die Gascogne gern als »die Schöne« gepriesen. Schönheit aber ist Ansichtssache. Meinem Geschmack entsprechen eher das raue Aubrac und das karstige Quercy. Ich kann mich deshalb des Eindrucks nicht erwehren, dass die kulturellen und landschaftlichen Höhepunkte bereits hinter mir liegen. Dabei ist die Gascogne keineswegs arm an Kunstwerken. Da ist Saint-Antoine mit einem mozarabischen Hufeisenportal, das die gelungene Mischung von islamischen und christlichen Baustilen vollzieht. Sehenswerte Kirchen kann man auch in den vier berühmten Bischofsstädten bewundern, in Lectoure, Condom, Éauze und Aire-sur-l'Adour, und in Nogaro beeindrucken die Reste einer Abtei aus dem 11. Jahrhundert noch immer mit ihrer verblichenen Schönheit.

Wie ein Fluss erscheint mir jetzt der Pilgerweg, der nach stürmischem Beginn als wilder Gebirgsbach nun gemächlich dahinfließt. Es ist, als sei ich Teil des Wegs geworden, den ich Tag um Tag von neuem unter meinen Füßen spüre. Entfernungen spielen keine Rolle mehr und ich zähle längst nicht mehr die Kilometer bis nach Saint-Jean-Pied-de-Port, meinem Ziel in den Pyrenäen. Allein die Richtung ist wichtig. Ich habe sie verinnerlicht, als sei sie mir eingraviert. Das tägliche Gehen ist für mich beglückend, und ein beständiges Gefühl von Freiheit durchströmt mich. Auf dem Pilgerweg zu wandern macht frei von Zwängen und Verpflichtungen, die sonst das Leben regeln und einengen. Das Zusammensein mit Choco und die Nähe zur Natur tragen auch zu meinem Hochgefühl bei, und mir wird deutlich, auf wie viel ich sonst verzichte.

Von weitem bin ich mir nicht ganz sicher, wer mir entgegenkommt. Aus der Nähe betrachtet, hat der Mann alle Merkmale, die einen Pilger auszeichnen: Hut, Rucksack, Pilgerstab und vor allem die Pilgermuschel. Er wandert aber in umgekehrter Richtung nach Osten, statt nach Westen.

»Sie haben sich wohl in der Richtung geirrt! Dort geht es lang!«, rufe ich ihm zu und deute mit der Hand nach Westen.

Der Mann lächelt verschmitzt: »Nein, für mich nicht, seien Sie unbesorgt! Zuerst bin ich nach Santiago de Compostela gepilgert und jetzt gehe ich wieder heimwärts«, meint er lakonisch.

Vor Verblüffung wiederhole ich wie sein Echo: »Hin und zurück? Von Santiago nach Hause? Zweimal dieselbe Strecke?«

Er schüttelt entschieden den Kopf: »Nein, es ist nicht derselbe Weg. Auf gar keinen Fall! Beide sind völlig verschieden. Der Weg nach Santiago ist – wie soll ich es sagen –, na ja, vielleicht der heroische Weg. Für mich hat es fast etwas Heldenhaftes, wenn ein Pilger seine vertraute Umgebung verlässt und sich hinaus ins Ungewisse wagt.«

»Genau! Und wie ist es mit dem Heimweg? Wie sehen Sie den?«

»Für mich ist es der Weg der Liebe. Das Kostbarste, was ich gewinnen kann. Und das Einzige, für das sich alle Mühe lohnt.«

Chocolat nutzt das Gespräch auf seine Weise und weidet am Wegrand. Ich würde gern mehr hören, mehr erfahren von dem seltsamen Pilger und sage: »Mein Esel hat Hunger und auch wir könnten doch hier ein wenig zusammen rasten.«

»Gern! Ich sehe schon, Sie interessieren sich für meine Theorie.«

»Theorie? Wieso?«

»Eben, dass man wieder herausfinden muss aus der Mitte, dass es nicht genügt, das Ziel zu erreichen, wenn es einen nicht zurück zur Liebe führt. In Santiago begegnet der Pilger dem Heiligen, der Gottheit. Er schöpft Kraft aus dieser spirituellen Quelle, knüpft eine innere Verbindung zu Gott. Und was passiert dann? Er steigt ins Auto, in den Zug oder Bus, vielleicht sogar ins Flugzeug und katapultiert sich zurück. Wie wird er sich dabei fühlen?«

»Leer und ausgebrannt. Wie betäubt, als hätte er einen Schlag auf den Kopf erhalten«, antworte ich. »So ist es mir bei meiner ersten Pilgerreise ergangen. Da bin ich Stunde um Stunde, Tag für Tag, wochenlang nach Santiago gewandert, und als ich ankam, konnte ich es nicht begreifen. Ich fühlte mich elend und wollte das Ende der Pilgerreise, meine Ankunft, nicht akzeptieren. Ein kleiner Trost war es dann für mich, dass ich noch ein Stück weitergegangen bin, nach Finisterre.«

»Sie sagen es! Da hat der Pilger sein ganzes Sehnen und Streben auf ein Ziel gerichtet und ungeheuer viel Energie in sich gesammelt. Wird diese Energie am Ziel plötzlich frei, kann sie zerstörerisch wirken, wenn sie nicht in die rechte Bahn gelenkt wird.«

»Aber deswegen den langen Weg zurückgehen? Das scheint mir doch etwas übertrieben«, gebe ich zu bedenken.

»Aber nein! Diesen Weg zurück sollte man weder meiden noch abkürzen. Letztlich ist er der Wichtigere von beiden«, beharrt der Pilger.

»Na ja, ich weiß nicht. Lieber ist mir der Weg in die Ferne«.

»Eben darum. Sie sind damals zu schnell heimgekehrt, mit unverdauten Erlebnissen. Wie jemand, der hastig die Nahrung verschlingt. Dann liegt der Brei schwer im Magen und gärt vor sich hin. So wird die Heimkehr vergällt und von Reise zu Reise verstärkt sich dieses ungute Gefühl.«

»Ach, das glaube ich nicht. Ich nehme mir ja zu Hause die Zeit, meine Erinnerungen gewissermaßen wiederzukäuen und sie noch einmal zu durchleben.«

»Das ist aber nicht das, was ich meine. Vielleicht genügt es nach einer normalen Urlaubsreise, sich die Fotos anzuschauen und Freunden das Erlebte zu erzählen. Aber doch nicht beim Pilgerweg, denn der ist eine existentielle Lebenserfahrung, die nur dann ihre positive Energie entfalten kann, wenn man sich für den Heimweg genauso viel Zeit nimmt wie für den Hinweg. Glauben Sie mir, man braucht diese Zeit, um sich neu auszurichten. Der Wallfahrtsort rückt aus dem Blickfeld und die Familie, die Freunde, die Aufgaben zu Hause bestimmen mehr und mehr das Denken. Gestärkt vom Ziel, wird das Erlebte verinnerlicht und mitgenommen in den Alltag, in das wahre Leben.«

»Die Menschen sind aber verschieden. Mich zum Beispiel drängt es wirklich nicht allzu sehr heimwärts. Ich gehe nur nach Hause, um wieder aufbrechen zu können.«

»Trotzdem sollten Sie sich für den Rückweg Zeit nehmen, vielleicht würden Sie dann begreifen, dass Ihre Heimat nicht dort ist, wo Sie meinen. Sie hätten dann die Chance herauszufinden, was Sie in Ihrem Leben ändern sollten. Ihr Herz wird Sie unweigerlich zu dem Ort und zu den Menschen leiten, wo Sie hingehören. Erst wer seine Liebsten umarmt, der ist wirklich am Ziel angekommen.«

Durch das fruchtbare Béarn

Von Aire-sur-l´Adour nach Saint-Jean-Pied-de-Port,

6 Etappen, 126 km

Terrassierte Abhänge, auf denen Wein und Obstbäume gedeihen, fette Weiden und fruchtbare Äcker – das ist das Béarn, ein von Gebirgsbächen durchströmtes Hügelvorland der Pyrenäen. Auf den Feldern wachsen üppig Mais und Sojabohnen. Die weite Hügelebene ist aber auch mit viel Wald durchsetzt, Edelkastanien und Eichen vor allem. Vereinzelte Schirmpinien zeigen, dass wir schon tief im Süden Frankreichs sind. Über einen Hügelkamm wandern Choco und ich hinab ins Adourtal.

Der Adour ist ein wasserreicher Gebirgsfluss, der wie die Garonne aus den Pyrenäen im großen Bogen dem Atlantik zufließt. Dort, wo sein Talgrund eben und breit ist, liegt Aire-sur-l'Adour. Die Stadt mit dem wohlklingenden Namen war ehemals Hauptort des keltisch-iberischen Stammes der Aturenser. Als die Römer das Gebiet erobert hatten, gründeten sie hier die Stadt Adura, die im 5. Jahrhundert zum Regierungssitz der Westgoten wurde. Aber schon im Jahr 507 besiegten die Franken unter Chlodwig I. die Westgoten und Aire-sur-l'Adour wurde fränkisch.

Auf der Anhöhe über der Stadt steht die Benediktiner-Abtei Sainte-Quitterie. Schon von weitem sehe ich den dreistöckigen Turm des romanischen Baus aus dem 11./12. Jahrhundert, der später teilweise umgestaltet und mit einem gotischen Portal versehen wurde.

Im Inneren ist die Anlage der romanischen Kirche noch gut erkennbar. An das breite Querschiff sind der Chor und je eine Seitenkapelle gesetzt. Unter dem Chor liegt die Krypta, von schweren Gewölben überzogen. In einer Nische steht ein erstaunlicher Sarkophag aus dem 5. Jahrhundert. Der Stil der Reliefs ist zwar römisch-antik, aber die Darstellungen beziehen sich auf die christliche Mythologie: Daniel in der Löwen grube, die Erweckung des Lazarus, die Erschaffung Adams, der Sündenfall und Szenen aus dem Leben des Propheten Jonas. Der Frankenkönig Chlodwig soll diesen Sarkophag aus Marmor für die heilige Quitterie gestiftet haben. Während man bei uns wenig weiß über diese Heilige, ist sie im Süden Frankreichs und in Spanien wohl bekannt. Sie wird bei bohrendem Kopfschmerz um Hilfe angefleht, und Verrückte und Wahnsinnige erhoffen von ihr Heilung – vielleicht, weil sie selber den Kopf verlor.

Quitterie wurde im Jahr 476 enthauptet, denn sie soll sich geweigert haben, den arianischen Glauben anzunehmen. Einer Legende nach trug sie ihren abgeschlagenen Kopf zu jener Stelle, wo später die Kirche Sainte-Quitterie gebaut wurde. Als sie ihr Haupt dort niederlegte, entsprang sogleich eine Quelle, die in einem Taufbecken gefasst wurde.

Der Hintergrund ihres Märtyriums ist der Kampf um den »richtigen« Glauben, der das Christentum seit Anbeginn zerriss und immer neue Opfer forderte. Die Westgoten waren während der Völkerwanderung aus Skandinavien ans Schwarze Meer und von dort über Italien ins damalige Gallien eingedrungen, bevor sie schließlich, vom Frankenkönig Clodwig besiegt, nach Spanien auswichen. Auf ihrem generationenlangen Eroberungszug wurden diese germanischen Heiden zu Christen, allerdings hingen sie der Lehre des Arius an. Arius, ein alexandrinischer Priester, war überzeugt, zwischen Christus und Gott bestehe keine Wesenseinheit. Als die Westgoten nun Gallien erobert hatten, entzündete sich der Konflikt mit der ansässigen gallorömischen Bevölkerung, die katholischen Glaubens war. Auf dem Höhepunkt der Auseinandersetzungen wurde Quitterie hingerichtet und die Katholiken hatten eine Märtyrerin mehr.

Der Geruch frischer Gebirgsluft weht mir schon seit einigen Tagen entgegen. Gäbe es nicht den Dunst, der die Sicht verhängt, wären die Berge sicher schon zum Greifen nah.

Ungeduldig bewege ich mich auf den Punkt zu, wo sich die Pilgerstraßen aus dem Norden zu einem einzigen Weg vereinen: die *via turonensis* von Paris, die *via lemovicensis* von Vézelay und die *via podiensis* von Le Puy. Endlich erreiche ich die berühmte Stele, genannt »Stein von Gibraltar«, die das Zusammentreffen der drei französischen Pilgerwege markiert. Bewegt entziffere ich die Namen der Wege auf der kreisförmigen Grundplatte. Darüber erhebt sich ein trapezförmiger Schaft, den eine Pilgermuschel ziert. Mit der krönenden Scheibe als Abschluss erinnert mich das Denkmal an Grabsteine, die ich auf baskischen Friedhöfen gesehen habe.

Deutlich spüre ich die Bedeutung dieses Steins: Hier treffen die Pilger aus unterschiedlichen Richtungen zusammen und so ist er wie ein Symbol der Einheit. Ein Pilger formulierte es so: »Gleichgültig ist, wer wir sind und woher wir kommen, wichtig ist, dass wir weiterziehen.«

Sabine und Tobias sind auf der Hochzeitsreise. Sie treffen kurz nach mir am »Stein von Gibraltar« ein. Wir machen uns bekannt und sie erzählen mir von ihren Erlebnissen. »Es hätte uns nichts Besseres einfallen können, als die Flitterwochen auf dem Pilgerweg zu verbringen«, begeistert sich Sabine.

»Manchmal allerdings gab es schon Momente, da hab ich mich gefragt, warum machen wir das eigentlich? Warum tun wir uns diese Strapaze an?«, sagt Tobias nachdenklich.

»Aber spätestens am Abend in der Herberge waren wir wieder bester Laune und uns durchströmte das Glück, gemeinsam etwas geschafft zu haben«, erinnert sich Sabine.

»Dieses Spektrum der Gefühle, von ganz oben bis tief hinab, das habe ich zuvor noch nie so erlebt, nicht in dieser Dichte«, ergänzt

Tobias. »Genauso wie der Weg, mal steil die Berge hinauf, dann wieder abwärts in die dunklen Täler.«

»Habt ihr manchmal daran gedacht aufzugeben?«, frage ich.

»Nein, nicht wirklich, obwohl ich schon meine Grenzen erfahren habe«, antwortet Tobias. »Der Pilgerweg ist eine Extremsituation, und wenn es schwierig wurde, dann habe ich gedacht, wenn wir das jetzt gemeinsam durchstehen, dann kann uns auch in unserer Ehe nichts auseinander bringen.«

»Ich hoffe, dass es uns gelingt, unsere Erfahrungen in den Alltag hineinzutragen«, sagt Sabine. »Wenn wir dann mal Schwierigkeiten miteinander haben, können wir sagen: Weißt du noch, wie schön es auf dem Jakobsweg war? Damals haben wir alle Probleme bewältigt, lass es uns auch diesmal wieder versuchen.«

»Ich freue mich riesig, weil wir noch einen so weiten Weg vor uns haben!«, ruft Tobias und küsst Sabine zärtlich.

Vom »Stein von Gibraltar« sind es nur noch 30 Kilometer bis Saint-Jean-Pied-de-Port, meinem Ziel. Endlich sehe ich auch den Gebirgszug der Pyrenäen, wie er blaugrau in den Himmel ragt.

Welche Gefühle, Hoffnungen, Ängste werden die Pilger im Mittelalter bei diesem Anblick bewegt haben? Ihnen stand noch eine gewaltige Anstrengung bevor – der Aufstieg in ein Gebirge, so hoch, wie es die wenigsten zuvor jemals gesehen hatten. Ihre Gedanken und ihre Gespräche werden von diesem Ereignis gefesselt gewesen sein. Schritt um Schritt waren sie den Bergen näher gekommen und die weite Strecke von 760 Kilometern bis Santiago de Compostela lag noch vor ihnen.

Für mich aber bedeutet jeder weitere Schritt, dass ich mich dem Abschluss meiner Pilgerreise nähere. Trotzdem verspüre ich keine Melancholie wegen des bevorstehenden Endes, sondern bin eher ergriffen vom Beginn meiner Erinnerungen.

Ich stehe vor dem Bahnhof von Saint-Jean-Pied-de-Port, wo ich vor Jahren voller Erwartungen ausstieg, um nach Santiago zu pilgern. Damals war ich mit Problemen belastet, von denen ich hoffte, sie würden zurückbleiben. Stattdessen schleppte ich sie mit mir, wie meinen Schatten. Da der Weg nach Westen führte, sah ich meinen Schatten jeden Morgen vor mir, musste immer hinter ihm hergehen, als wäre er die dunkle Seite meines Wesens. Dieser Schatten zwang mich, über mein Leben nachzudenken, über meine Fehler und Schwächen, und irgendwann war ich bereit, mich mit mir zu versöhnen.

Und dann hatte ich eines Tages ein ergreifendes Erlebnis. Ich war allein in einer kleinen Kirche und begann zu weinen. Dabei hatte ich das Gefühl, als würden meine Tränen allen Unrat einfach hinwegschwemmen. Eine Bäuerin trat in die Kirche, kniete nieder und betete, während meine Tränen weiter flossen. Die Frau stand auf und wollte schon die Kirche verlassen, als sie zu mir herüberschaute. Noch einmal kniete sie sich hin, faltete die Hände, und plötzlich war ich mir ganz sicher, dass sie jetzt für mich betete. Schließlich kam sie auf mich zu, berührte mich sacht an der Schulter und sprach einige tröstende Worte. Sie sah meine Sorgen und nahm Anteil. Das hat mich damals tief ergriffen und mir inneren Frieden geschenkt.

Noch immer stehe ich auf dem Bahnhof. Ein Zug fährt ein und viele Menschen mit Rucksäcken steigen aus, Männer und Frauen, alte und junge, den Wanderstab in der Hand und die Pilgermuschel am Hut. In ihren Gesichtern spiegeln sich Freude, Erwartung und Neugier. Die Menschen sehen fröhlich aus, obwohl sie sich für einen schweren Weg entschieden haben, auf dem sie ihrem Schatten nicht werden ausweichen können. Auf einer Tafel am Weg lese ich: »Und jetzt, Bruder Pilger, nimm deinen Stock, deinen Umhang und den Mantel, deinen Hut mit der Muschel und mach dich auf den Weg zum heiligen Jakob. Freude im Herzen, Liebe in deiner Seele, den Ruf der Pilger auf deinen Lippen: Santiago! Ultreia!«

Chocolats Heimkehr

Wie kann ich Chocolats Geruch beschreiben? Wenn ich neben ihm gehe, meinen Arm um seinen Hals lege, ihn kraule, streichle, bürste, dringt sein Duft in meine Nase. Er riecht nach reifen Weizenkörnern, nach goldgelbem Stroh, nach dem sonnenwarmen Fell einer Katze. Gern drücke ich meine Nase zwischen seine wolligen Ohren, schnuppere und versuche, mir seinen Wohlgeruch für immer einzuprägen.

Drei Tage habe ich Zeit, mich von meinem Esel zu verabschieden. Auf einem kleinen Bauernhof bei Saint-Jean-Pied-de-Port warte ich mit ihm auf Georges Girard, der uns mit seinem Eseltransporter in die Ardèche-Schlucht zurückfahren wird. Ich bin froh, dass ich Chocolat nur geliehen und nicht gekauft habe. So muss ich ihn nicht an irgendeinen Fremden verkaufen, von dem ich nicht wüsste, ob er ihn gut oder schlecht behandelt – ihn vielleicht sogar zum Schlachter bringt.

Ob Chocolat seinen Besitzer wieder erkennt? Wie wird er reagieren? Schon der Gedanke, dass er ihn stürmisch begrüßen könnte, macht mich eifersüchtig. Als es dann so weit ist, stehen sich beide fast fremd gegenüber. Georges ruft überrascht aus: »Ist das wirklich mein Chocolat? So kräftig habe ich ihn nicht in Erinnerung! Ich dachte, nach dem langen Marsch sei er klapperdürr.«

Choco steht still da, senkt den Kopf und zuckt ein bisschen zusammen, als Georges ihn am Halfter nimmt. Vielleicht hat er in diesem Moment eine Ahnung, dass unsere gemeinsame Reise jetzt ein Ende hat.

Die Rückfahrt – Choco im Anhänger, ich neben Georges in der Fahrerkabine – erlebe ich wie einen Film, der rasend schnell zurückgespult wird. Wir fahren auf Nebenstraßen, die parallel zum Pilgerweg verlaufen. Manchmal sehe ich im Vorbeifahren die rotweißen Wegmarkierungen leuchten, wenn die Straße den Pfad kreuzt. Die Landschaft, die ich Schritt um Schritt durchmessen habe, erkenne ich kaum wieder. Sie hat sich verändert. Die jungfräulichen Farben des Frühlings sind der satten Färbung des Sommers gewichen. Sonnenblumen, die noch im Wachsen waren, sind voll erblüht und der Ginster, dessen Duft mich berauschte, ist längst verwelkt.

Während ich über das Land fahre, erinnere ich mich an Stationen, Höhepunkte und Herausforderungen der Pilgerreise, erlebe im Rückwärtsgang alles noch einmal. Wieder begegne ich der Garonne und dem Lot, den ich so oft überschritten habe, und kann kaum fassen, dass ich diese weite Strecke wirklich zu Fuß gegangen bin. Mir ist zumute, als sei ich herausgefallen aus der Zeit, als hätte ich während der Pilgerreise in einer anderen Realität gelebt. Mit jedem Kilometer, mit jedem Ort, durch den wir fahren, wird der Schleier der Verzauberung durchsichtiger, bis ich mich am Ausgangspunkt wiederfinde – in Le Puy.

Ich atme tief ein, halte die Luft an, so lange ich es vermag, und stoße sie entschlossen wieder aus. Das war es, denke ich. Das war meine Pilgerreise! 48 Tage zu Fuß über eine Strecke von 700 Kilometern, für die Georges mit dem Auto gerade einmal zwei Tage benötigt. Die Rückfahrt hilft mir, wieder zurückzufinden. Ich kann Abschied nehmen, mich erinnern und neu anknüpfen an das schnelle Zeitempfinden der Gegenwart.

Am Nachmittag des zweiten Tages erreichen wir das Gebiet der Ardèche und die Sommerweide auf einem 1200 Meter hohen Plateau. Georges öffnet den Anhänger. Wenn ich geglaubt hatte, Chocolat würde nach der langen Fahrt benommen und mit steifen

Beinen aus dem Wagen klettern, so hatte ich mich gründlich ge
täuscht. Ohne Zögern stürmt er die Rampe hinab ins Freie, blick
sich kurz um und zieht die kühle Bergluft durch seine weit geöffne
ten Nüstern tief ein. Er weiß, hier ist er zu Hause.

Ein Gebirgsbach sprudelt den Wiesenhang hinab. Einzeln ste
hende Baumriesen und ein Wäldchen spenden Schatten, auf de
Wiese wachsen Arnika und Margeriten. Die Weide ist mit 16 Hekta
so groß, dass ich die andere Seite des Zauns nicht sehen kann – eir
Paradies für Esel.

Unsere Ankunft ist nicht unbemerkt geblieben. Wiehernd traber
Pferde heran. Mein Esel stakst erwartungsvoll auf sie zu. Die Rösse
umringen und beschnuppern ihn. Da naht noch jemand zur Begrü
ßung – sein alter Freund Pedro, der graue Esel. Sie berühren sich
sanft mit den Mäulern, legen die Hälse aneinander, stehen einer
Moment ganz still. Dann löst sich Chocolat aus der Umarmung
macht einen Luftsprung und galoppiert davon, Pedro setzt hinter
her. Ausgelassen tollen sie über die Wiese. Mit einem Anflug vor
Wehmut blicke ich ihnen nach.

Georges wartet und möchte weiterfahren. Eine kurvenreiche
Bergstraße bis zu seinem Haus liegt noch vor uns. »*Un instant
Georges, s' il vous plaît*«, bitte ich, denn ich verspüre den heftiger
Wunsch, Choco noch ein letztes Mal zu umarmen. Ich rufe nach
ihm. Er blickt zu mir herüber, unterbricht sein Spiel und verab
schiedet sich von mir mit einem kräftigen I-AAH-AAH. Weit hall
sein Gesang über das Plateau. Meine Hand umschließt fest die
kleine Glocke, die Choco auf unserer Wanderung um den Hals ge
tragen hat.